JN336752

大学生のための
日本語表現トレーニング

実践編

テキスト

福嶋健伸／橋本　修／安部朋世［編著］

三省堂

本文組版・装幀　五味崇宏

はじめに

　本書は、「大学生活に必要な日本語表現」を学ぶためのものであり、社会人になっても通用する日本語表現能力の育成を目的としています。皆さんが、楽しく、より実践的に学べるよう、身近な課題を豊富に用意しました。本書で学ぶことによって、人を上手に紹介する方法から企画書作成に至るまで、重要な日本語表現能力を無理なく身に付けることができます。

【本書の対象】
- 学生生活に必要な表現能力を身に付けたい大学1・2年生や短大1年生
- 就職に必要な表現能力を身に付けたい大学3・4年生や短大2年生
- 日本語能力試験1級レベル以上の留学生

　本書は、大学の初年次教育や入学前教育、キャリア教育にも適しています。特に、就職を意識している人や、「仕事」に必要な表現能力と考え方を実践的に分かりやすく学びたい人には、大きな効力を発揮します。なお、本書の姉妹編として『大学生のための日本語表現トレーニング―スキルアップ編―』があります。

【本書の6つの特長】
- 「テキストによる導入」→「トレーニングシートを用いた作業」という能動的な学習スタイルを実現しました。活字を目で追うだけの受動的な学習とは異なり、飽きることなく取り組めます。
- 「課題」は、現実的で身近なものばかりです。実践的な作業の中から、分かりやすく日本語表現を学んでいくことができます。
- 必要に応じて'ナビゲート'や'ポイントアドバイス'を付しており、どこに力点をおいて考えればよいかすぐに分かります。
- 1章分の分量が、大学の授業1～2回分に対応しており、集中力が持続できるようになっています。
- 30章分の豊富なメニューを用意しており、口頭表現、文章表現のいずれにも対応しています。また、苦手なところを集中的にトレーニングできます。
- 「高校生が大学生になること（入口部分）」に加え「大学生が社会人になること（出口部分）」も意識した構成であり、就職活動等の準備にも対応しています。

【本書の使い方】

1　このテキストと、別冊のトレーニングシートの2冊を使って学習を進めます。
2　まず、このテキストを読み進めて下さい。読み進めると、'▷'が出てきます。このマークが出てきたら、テキストの指示に従ってトレーニングシートの課題に取り組んで下さい。ただし、'ナビゲート'がある場合は、'ナビゲート'を読みながら、トレーニングシートの課題に取り組むようにして下さい。
3　トレーニングシートの課題が終わると、'📖'があります。'📖'が示すテキストのページに戻って、再びテキストを読み進めて下さい。
4　実践的な課題であるため、決められた「正解」のない場合がほとんどです。必要に応じて、考え方の方向を示す'ナビゲート'と、課題の大切な部分を確認する'ポイントアドバイス'がありますので、これらの情報を活用して、自分なりの正解を組み立てて下さい。
5　課題をするに当たって、トレーニングシートのスペースが足りなくなった場合は、余白やノートに書いても結構です（教員の指示がある場合は、それに従って下さい）。
6　最初から順を追って取り組む方が分かりやすいのですが、興味のあるところを読むだけでも、十分、表現能力がアップします。
7　9章・29章ではインターネットのできる環境が必要ですが、その他の章では、特に機材は必要ありません。また、10章では図書館を利用します。大学の図書館等を、実際に利用してみて下さい。
8　基本的に、各章に1つは、2人以上で学ぶとより楽しめる課題（'👥'の印があるもの）が用意されています。友達と一緒に勉強するという使い方もできます。

〈本書を教科書として利用する先生方へ〉

　本書は、半期・通年の別を問わず、大学の授業の教科書として使いやすいように作られています。本書を教科書として採用して下さる先生には指導資料を提供する予定です。詳しくは、三省堂HP（https://www.sanseido.co.jp/）をご覧下さい。

※本書の内容は、URL情報等も含め2009年6月30日時点のものです。最新のURLやサイトの情報等については、三省堂のHPにある実践編の「詳細ページ」（https://dictionary.sanseido-publ.co.jp/dict/ssd36326）をご参照ください。また、特に断りのない限り、本書で示されているデータや研究等は架空のものです。

　本書の執筆に当たり、三省堂の飛鳥勝幸氏と翔文社の田中敦子氏、オーボンの五味崇宏氏には大変お世話になりました。記して感謝申し上げます。また、貴重なご意見を下さった、筑波大学・千葉大学・実践女子大学・法政大学他の学生さん方にも、篤くお礼申し上げます。

Contents

大学生のための日本語表現トレーニング 実践編

1 　はじめに
2 　本書の使い方
3 　目次

5 　第 1 章　　人を紹介する──準備と話し方
8 　第 2 章　　説明をする──漏れや重複のない説明
11　第 3 章　　議事録をとる──流れと要点をまとめる技術
14　第 4 章　　手帳でスケジュール管理を行う──必要事項のチェックと整理
17　第 5 章　　上手な意見交換の方法を学ぶ──相手への配慮が大切
20　第 6 章　　文章を読解する──アカデミックリーディング
23　第 7 章　　文章を要約する──パラグラフの分析
26　第 8 章　　データを集めて解釈する──リサーチ・リテラシー入門
29　第 9 章　　インターネットを用いて調査する──メリットとデメリット
32　第10章　　図書館を利用する──「知」の宝庫の探索
35　第11章　　堅実なレポートの書き方を学ぶ 1 ──ブレーンストーミングの利用
38　第12章　　堅実なレポートの書き方を学ぶ 2 ──体裁で迷わない方法
41　第13章　　プレゼンテーションを行う──レジュメ／アウトライン
44　第14章　　視覚資料を作成する──効果的なスライド
47　第15章　　ディベートの技法を学ぶ──議論の深め方
50　第16章　　卒業論文の執筆計画を立てる──就職活動との両立

53	第17章	口頭表現の基礎を押さえる——印象のよい話し方
56	第18章	電話応対のマナーを学ぶ——敬語／伝言メモ
59	第19章	アンケートをとる——意向調査の方法
62	第20章	段取りを考えて連絡する——連絡係の仕事
65	第21章	奨学金を申請する——学業への意欲をアピール
68	第22章	逆算して計画を立てる——就職活動／大学院受験のスケジュール
71	第23章	メールを書く——お伺い／依頼
74	第24章	手紙を書く1——書式の基本
77	第25章	手紙を書く2——目上の相手に書く依頼の手紙
80	第26章	上手なインタビューをする——OBOG訪問で失敗しない方法
83	第27章	エントリーシートを作成する——自己分析の仕方
86	第28章	面接のコツを学ぶ——効果的な自己PR
89	第29章	小論文を作成する——組み立てプランと情報収集
92	第30章	企画書を書く——企画の意義と実現可能性をアピール

95	参考文献

1 人を紹介する

Japanese Expressions

準備と話し方

　本章では、「人を紹介する」ためにはどのような準備や話し方をすればよいのかを学びます。ここで学んだポイントは、就職活動の際の自己アピール等にも役立てることができます。

　人を紹介するには、その人の情報を的確につかむことが大切です。ナビゲート1を参照しながら、【課題1】に取り組んで下さい。

◐ 取り組んでみよう【課題1】

〈あなたは喫茶コーナーのあるパン屋さんでアルバイトをしています。店長から、アルバイトを誰かもう1人紹介してほしいと頼まれました。学科の1年後輩の野山太郎君が適任だと考え、本人に聞いたところ、ぜひやってみたいというので、あなたは野山君を紹介することにしました。〉

　この設定で、あなたが野山君を紹介するとしたら、どのようなことを店長に話すとよいでしょうか。必要だと思う項目を挙げて下さい。また、その中で、野山君に聞いておいた方がよいと思う項目をチェックして下さい。

⋯➡ ナビゲート1

☐　紹介を聞く相手（店長）が知りたい情報は何でしょうか。
☐　どのような情報を伝えれば、「ぜひアルバイトを頼みたい」と思ってもらえるでしょうか。
　　　　　　　　　　　　　　　　　　　　　　　　　▷ 1ページへ

ポイントアドバイス1

■紹介の材料をできるだけ多く集める

　人を紹介するときには、「聞き手がその人について知りたい情報は何か」を考え、その情報を伝えることが大切です。できるだけ多くの情報を集め、

効果的な紹介を行うための準備をしましょう。その際、集めた情報の全てを使う必要はありません。集めた情報の中から必要な情報を選び出し紹介を行います。

　これは、プレゼンテーションにおいても重要なポイントです。何かを伝えるとき、聞き手（読み手）のことを意識すると、伝えたい内容や伝え方をどのように工夫すればよいか、具体的に考えやすくなります。

■集めた情報をグループ分けする
　列挙した情報を、「人柄について」等のようにグループ分けすると、話す内容をまとめる際に便利です。

　次に、紹介例の〈例１〉と〈例２〉を読んで、紹介の仕方について考えてみましょう。

〈例１〉　日本文学科の１年後輩の野山太郎君が、アルバイトをぜひやってみたいと言っています。ウエイターの経験はありませんが、高校の頃「Mショット」で３年間アルバイトを続けた経験があり、店長からの信頼が大変あつかったそうです。火曜と水曜以外は閉店までバイトに入れるということです。

　彼は、見た目に似合わず新聞部にも入っていて、エッセーで身を立てたいなんて言っているんです。個人的にはどうかなあって思うんですけど。でも、ほんとにいい後輩です。いつもみんなを笑わせるムードメーカーですが、飲み会等では率先して幹事役を引き受け、みんなが気持ちよく過ごせているか気を配る、細やかな一面も持ってます。やる気のある後輩なので、よろしくお願いします。

〈例２〉　ぼくの後輩に、新聞部のホープで、なかなかいい書評を書くヤツがいるんです。店長の作るメロンパンと焼きそばパンを愛していて、毎日買いに来てるヤツなんですけど。「メロンパンと焼きそばパン、この妙なる調和」っていうエッセーも、この間の大学新聞の記事投票でダントツ１位、大好評でした。ここにその記事持ってきてるんですけど……。あ、もう読んでますか。で、メロンパンと焼きそばパン、きっとめちゃ売りまくると思います。っていうことで、アルバイトに彼はどうでしょうか。

　〈例１〉〈例２〉を読み終わったら、ナビゲート２を参照しながら、【課題２】

に取り組んで下さい。

⋯➡ ナビゲート2

☐ 必要な情報は漏れなく入っていますか。足りない情報や、アルバイトの紹介として必ずしも必要ではないと思われる情報はありますか。
☐ 話の順序はどうですか。
☐ 話し方は、相手や場面を意識した適切な話し方になっているでしょうか。

⇨ 1ページへ

最後に、これまでの内容をふまえ、【課題3】に取り組んでみましょう。

⇨ 2ページへ

ポイントアドバイス2

■具体的に話すと分かりやすい
　日本語表現全体を通して最も重要なポイントです。必ず具体的なエピソードを入れましょう。

■目的を考え話題を絞る
　何のために紹介するのかを考え、取材インタビュー等で得た情報をもとにどのような話題が適切か検討すると、それだけで格段によい紹介になります。図にかいてまとめておくと、話すことが整理できてよいでしょう。

■聞き手の知識を考える
　聞き手の知識に配慮した紹介を心がけましょう。こちらにとっては自明の言葉でも、相手にとっては初めて聞く言葉という場合もあります。そのような場合は簡単な説明をしてあげましょう。例えば、〈例1〉では「Mショット」と言うより「地元のコンビニ」と言った方が、分かりやすいですね。

■「えーと」「あのー」等の言いよどみに注意
　言いよどみが多いと内容を聞きとりにくく、聞き手が集中できなくなり、印象もよくありません。自分では気付かずに「えーと」等を多用している場合もありますから、注意しましょう。

■必ず時間を計ってリハーサルをする
　フォーマルな場面で話す場合は、必ず時間を計ってリハーサルをしましょう。

2 説明をする

Japanese Expressions

漏れや重複のない説明

　この章では、説明の方法について学びます。この章の課題に取り組むことによって、漏れや重複のない説明の仕方が身に付きます。ここで学んだことは、複雑なことを説明する際に、特に役に立ちます。

取り組んでみよう【課題1】

　あなたの学科（専攻・コース）のカリキュラムを1～2分程度で説明してみましょう。科目の種類や、卒業に何単位必要か等の基本的な情報を説明するだけで結構です。同じ学科（専攻・コース）の新1年生40名を対象に説明するつもりで書いてみて下さい。また、説明を書く際に工夫した点も、必ず書くようにして下さい。

⇨ 3ページへ

【課題1】が終わったら、次の例を見て下さい。

　三省大学国際学部国際メディア学科の大井美代さんは、カリキュラムの枠組について、次のような説明をしました[*1]。

　国際メディア学科2年の大井美代です。気軽に「みよさん」って呼んで下さい。よろしくお願いします。
　国際メディア学科のカリキュラムについてですが、大きく分けて、「全学共通科目」「国際学部共通科目」「専門科目」「資格関連科目」の4つに分かれています。ただし、「資格関連科目」は教員免許等の資格をとる学生のための科目で、これについては、明日のガイダンスで詳しい説明があります。資格をとらない人には関係がありません。
　卒業には、全部で124単位以上が必要で、それぞれ、「全学共通科目」から24単位以上、「国際学部共通科目」から24単位以上、「専門科目」から76単位以上の単位をとる必要があります。

また、全ての科目は、「必修科目」「選択必修科目」「選択科目」という3つの種類に分かれています。「必修科目」は必ずとらなければいけない科目で選択の余地はありませんので、みんな同じ科目をとることになります。「選択必修科目」は、それよりも少し選択の幅があり、決められた複数の科目の中から選択して履修し、決められた単位数をとるというものです。そのため「選択必修科目」は個人によって差が出てきます。そして、一番自由なのは「選択科目」です。「選択科目」は、完全に自由な科目で、選択科目を1つもとらないで卒業することもできます。(以下略)

ナビゲート1を参照して、【課題2】に取り組んでみましょう。

⋯➡ ナビゲート1

- ☐ 大井さんはどのような順序で説明をしていますか。
- ☐ 大井さんは、科目全体をどのように把握して、説明していますか。

▷ 4ページへ

ポイントアドバイス

■**全体を把握するには「重なりがない、かつ網羅的」という捉え方が便利**

　カリキュラムのような複雑なものを把握するには、「重なりがない、かつ網羅的」という捉え方が便利です[2]。大井さんの例で分かりやすく説明しましょう。「全学共通科目」「国際学部共通科目」「専門科目」「資格関連科目」の4つで、カテゴリーの全てを重なることなく網羅しているわけですから、このような捉え方は「重なりがない（相互排他的）、かつ全てを合わせると網羅的になる」ということになります。

　このように全体を捉え、最初に全体像を述べてから説明に入ると、漏れや重複のない、分かりやすい説明になります。なお、この考え方は、19章でアンケートの選択肢を作る際にも重要になってきます。

■**必ず時間を計ってリハーサルをする**

　時間に制限のある場合は、必ず時間を計ってリハーサルをしましょう。話し上手になるには、このような努力が必要です。

第2章　説明をする

では、ナビゲート2を参照して、【課題3】に取り組んでみましょう。

⇒ ナビゲート2

- ☐ あなたの学校にも「専門科目」や「共通科目」等があると思います。「重なりがない、かつ網羅的」に整理してみましょう。
- ☐ 「必修科目」や「選択必修科目」等もあると思います。これも同様の捉え方で整理してみましょう。
- ☐ 「1年生から履修できる科目」「2年生にならないと履修できない科目」等があると思います。これも同じように整理してみましょう。　▷ 5ページへ

応用問題として、「大学での授業履修に関する注意点（履修申請から単位修得完了まで）を新1年生に説明する場合」について考えてみましょう。ナビゲート3を参照して、【課題4】に取り組んで下さい。

⇒ ナビゲート3

- ☐ 授業履修に関する注意点をできるだけ挙げて、整理してみましょう。この課題は、本章で学んだことの応用です。「重なりがない、かつ網羅的」であることを意識しつつ、聞き手である新1年生にとって有益な情報を中心に説明することが大切です。
- ☐ 聞き手が、より納得するためには、どのような配慮が必要かを考えてみましょう。例えば、「レポート提出直前にパソコンが壊れてしまい、単位をとれなかった人も実際にいます。他にも、テスト前の病気やケガ等の不測の事態で、単位をとれない科目が出てくる可能性があります。このようなこともあるので、余裕をもって少し多めに単位をとっておいた方がよいでしょう」等の発言があると、単に「卒業単位は多めにとっておいた方がよい」と言う場合よりも、納得しやすいと思います。　▷ 6ページへ

---

*1　この説明は、あくまでも一例です。大学によって「選択科目」等の定義が異なる場合があります。
*2　この捉え方はMECE（ミッシー）と呼ばれているものです。MECEとは、'Mutually Exclusive and Collectively Exhaustive' の略であり、相互排他的な要素を組み合わせて、漏れや重複なく全体を捉える考え方です。さらに詳しく知りたい人は、照屋・岡田2001（参考文献欄を参照）の第3章等が参考になります。特に社会人になると、MECEの切り口で問題を捉える必要が増えてくると思います。

3 議事録をとる

Japanese Expressions

流れと要点をまとめる技術

　本章では、議事録の作成の仕方を学びます。社会人になると、会社等で議事録を作成する機会が多くなります。議事録作成には、①会議の内容を聞きとってメモする、②議論の流れと結論をつかむ、③内容を簡潔にまとめ書式に沿って分かりやすく書く、といった力が必要とされます。これらはいずれもノートや報告書等、議事録以外にも広く必要とされる力です。

　議事録は、会議で議論された内容や決定した事項を記録したものです。議事録を作成することで、会議の後でも、関係者がその内容や決定事項を、確認・共有することができます。

　議事録には、会議で決定した事項を中心に会議内容を簡潔にまとめるタイプや、発言の内容を詳細に記述するタイプ等、いくつかのタイプがありますが、いずれのタイプにも共通する「記入しなければならない項目」があります。まずは、その「基本的項目」を確認しましょう。【課題1】に取り組んで下さい。

◉ 取り組んでみよう【課題1】

　次の〈議事録例〉を参考にして、議事録を作成する際に記入しなければならない項目を挙げて下さい。

〈議事録例〉

2009年9月○日

サークル連合第3回理事会　議事録

議事録作成者：○○○○

1．日時：　2009年9月○日(水) 18：00～19：00
2．場所：　サークル会館会議室B517
3．出席者：○○サークル連合会長（議長）、テニスサークル代表○○…

第3章　議事録をとる　11

4．議題
（1）サークル会館の使用方法
…
次回の予定：2009年11月○日(水) 18：00よりサークル会館会議室B517にて
　　　　　　　　　　　　　　　　　　　　　　　　　　　　　　　　以上
▷ 7ページへ

　次に、内容を簡潔にまとめるポイントについて考えてみましょう。次の〈会議例1〉を読み、ナビゲートを参照しながら【課題2】に取り組んで下さい。

〈会議例1〉

議長：では、「サークル会館の使い方」の議題について、提案者の安斉さん、説明をお願いします。
安斉：最近、サークル会館の使い方が乱れてると思うんです。共同で使う部屋なのに、サークルで使用するものを置きっぱなしにしたり、ゴミをそのままにしたり、ずいぶん乱れているなあと思います。
浜口：うちのアパートの方がもっと汚いけど。
安斉：で、サークル会館の使い方について、もう一度確認する必要があると思います。
田所：確か、使い方の取り決めのようなものがあったはずですよね。でも、ずいぶん前に決めたものだから、サークル内でうまく引き継げてないところもあるんじゃないでしょうか。
浜口：自分は前の代表からそんなこと引き継がれなかったなあ。
石川：それに、取り決めが現状に合ってない点もあるかもしれませんね。
議長：どうしたらサークル会館を使っているサークル全体に取り決めを周知できるでしょうか。
鳥山：いや、まず取り決めの内容が現状に合っているかどうか、検討する必要があるんじゃないでしょうか。
細井：そうですね。内容を検討した上で取り決めをまとめた資料を掲示板に掲示するとともに、全サークルの代表に配布してはどうでしょうか。
議長：皆さん、他に御意見はないでしょうか。異議ありませんね。では、サークル会館の使用方法についての取り決めの内容を検討し、内容を現状に合わせたものに修正した上で、それを掲示板に掲示するとともに、全サークルに配布することにします。検討するためにワーキンググループを作った方が

よさそうですね。ワーキンググループ長は、提案者の安斉さんにお願いします。その他どなたかいかがでしょうか。（手が挙がる）では、安斉さん、井川さん、細井君、鳥山君、山田さん、よろしくお願いします。

⋯➡ ナビゲート

☐ 会議で提示された議題は何ですか。
☐ 会議で決定したことは何ですか。
☐ 決定に至るまでに出された意見の中で、重要な意見と重要でない意見とを分けるとどうなりますか。

▷ 7ページへ

ポイントアドバイス

■慣れないうちは時系列に沿ってまんべんなく
　簡潔な議事録を作成する際には、重要な内容とそうでない内容とを見極める必要がありますが、慣れていないうちは、聞きながらそれを判断するのが難しい場合もあります。慣れるまでは、誰がどのような内容の発言をしたか、時系列に沿ってまんべんなくメモをとるようにしましょう。

■略字や記号を使ってすばやくメモをとる
　話す内容をそのまま書いていくのは無理ですので、略字や記号をうまく使い、すばやくメモをとる工夫をしましょう。

■「議題」「議論の筋道」「結論」をつかむ
　実際の会議では、要領を得ない話し方をする人や、脱線する人もいるでしょう。メモをそのまま写すのではなく、メモをもとに、「議題」「議論の筋道」「結論」をつかみ、それを簡潔にまとめるようにしましょう。

■自分の意見や感想を混ぜない
　議事録は、会議の内容を忠実に示すことが重要です。途中で自分の意見や感想を混ぜないように気を付けましょう。自分の意見を付け加える場合は、「所見」として最後に付け加えるようにします。

最後に、実際に議事録を作成してみましょう。【課題3】に取り組んで下さい。

▷ 7ページへ

4 手帳でスケジュール管理を行う

Japanese Expressions

必要事項のチェックと整理

　本章では、手帳の書き方・使い方を中心に、やるべきことを忘れずに行えるようなスケジュール管理の仕方について学びます。この章で書き方や内容整理の仕方のポイントを学んだうえで、自分に合ったスケジュール管理の方法を考えてみて下さい。

　まずは、常時持ち歩いて使われることの多い、新書程度の大きさの手帳を例に、実際に書く練習をしてみましょう。ナビゲート1を参照しながら、【課題1】に取り組んで下さい。

◐ 取り組んでみよう【課題1】

　人形劇サークルの先輩である南さんから○○年5月10日（月）の昼休みに、以下のような電話がかかってきました。この電話を受けたとき、その場でどのようなことを自分の手帳に書き込んだらよいでしょうか。

南先輩：やあ○○君、元気？　ちょっと連絡あるんだけど、いま大丈夫かな。
自分：はい、手帳出すんでちょっとだけ待ってもらえますか？　……、はいOKです。
南先輩：来週全体練習やるんで集まって下さい。5月18日火曜日夜7時、岩井町KYホールに集合です。本当は19日にやりたかったんだけど4年生が都合悪かったんだって。おれも19日はバイトあったから18日になって助かったけどね。まあ、本番近いから早いに越したことはないでしょ。持ってくるものは練習道具・上履き・会場費・筆記用具・ハンコ・年齢の分かる身分証明書とかで、前回の練習のときと同じ。前回配ったパンフに持ってくるもののリストあるから見といて。で、今回の件で当日トラブルとかあったときの連絡は3年の斉藤さんにして下さい。斉藤さんの携帯電話の番号は名簿に出てるから。
　でさ、今回、KYホールを借りるときにそこのマネージャーさんにずいぶ

んお世話になったんで、悪いんだけど菓子折かなにか、当日持ってきてくれないかな。おれ車持ってないし、当日、大道具運ぶ手伝いしないといけないんだよね。
自分：はい、いいですよ。
南先輩：ありがとうね。助かるわ。それから、明日2限に法学概論あるでしょ。法学概論に出てるの君のほかに誰だっけ？
自分：えーと、全部は分からないですけど、石川さんと川村君はその授業とってますね。
南先輩：じゃあそのときにさ、石川さんと川村君の2人だけでいいから、このこと伝えといてくれるかな？
自分：分かりました。

ナビゲート1

- [ ] 慣れないうちは、5W1Hを意識しながら書き込んでいきましょう（5W1Hについてはポイントアドバイス参照）。
- [ ] 情報の重要性等がとっさに判断しきれないときは、固有名詞等、キーワードになるものをとりあえずできるだけたくさん書き込み、後で考えるようにしましょう。

▷ 11ページへ

ポイントアドバイス

■5W1H： WHEN　　いつ（いつまでに）
　　　　　WHERE　どこで
　　　　　WHO　　誰が
　　　　　（実際には「誰と」「誰に」等も必要になる場合あり）
　　　　　WHAT　　何を（する）
　　　　　WHY　　　なぜ
　　　　　HOW　　　どのように（「何を持参して」等）
（ただし、手帳の場合はWHY（なぜ）は不要になることが比較的多い）
　手帳に最も多く書き込まれるのは、「自分がいつどこにいなければいけないか」ということなので、上記の中でも特に「WHEN　いつ（いつまでに）」「WHERE　どこで」は重要です。

第4章　手帳でスケジュール管理を行う

その場での書き込みの後、時間ができたときに、手帳の書き込みの整理や内容の追加を行いましょう。具体的には、どのようなことが必要になってくるでしょうか。ナビゲート2も参考に、【課題2】として整理・内容の追加を行って下さい。既に【課題1】の解答として書き込んでいるものがあれば、重複して書き込む必要はありません。

･･･➡ ナビゲート2

- ☐　それぞれの用件に対して、事前準備が必要か考え、必要な場合にはその事前準備の日程を決めて、書き込んで下さい。
- ☐　外出時に必要になりやすい情報、例えば連絡先等は、名簿等に記されていても、極力手帳に書き込んでおくと便利です。　　　　　▷ 11ページへ

　スケジュール管理の手段としては、ここまで見てきた小型の手帳以外にも、大型手帳・ノート・携帯電話のスケジュール帳機能・電子手帳・パソコンのスケジュール管理ソフト等があります。それぞれの長所と短所があるので、【課題3】として、いろいろな側面を考えて検討してみましょう。　　　▷ 12ページへ

　また、手帳・スケジュール管理について情報交換をするのも有意義です。【課題4】として、ナビゲート3も参考にグループで話し合ってみましょう。グループの人同士で、日頃手帳の使い方やスケジュール管理でどのようなことが気になっているか、どのようなことを工夫しているか等、いろいろな観点・テーマを出して話し合い、書き留めてみると、今後の参考になるでしょう。

･･･➡ ナビゲート3

　話し合いの材料が思いつかない場合は、以下の観点・テーマで話し合ってみて下さい。
- ☐　自分のスケジュール管理に、何と何を組み合わせて使っているか。
- ☐　いつ、どれぐらいの頻度で手帳等を見ているか。
- ☐　セキュリティ管理をどのようにしているか。
- ☐　（【課題1・2】の解答を見せ合って）書き方・整理の仕方に、どのような共通点や相違点があるか。

▷ 12ページへ

5 上手な意見交換の方法を学ぶ

Japanese Expressions

相手への配慮が大切

　本章では、上手な意見交換の方法を、「文章の訂正」という作業を通して学びます。表現を磨く一番の方法は、人に文章を見てもらい率直な意見をもらうことですが、上手な意見交換をするには、ちょっとした配慮が必要です。

取り組んでみよう【課題1】

　「自然と環境保護」という共通科目の授業で、担当の池内賢三先生は、「地球温暖化に関して、どんなテーマでもよいので、レポートを書くように」という学期末の課題を出しました。人文学科1年生の葉月丈助君は、「地球温暖化という言葉と、環境保護への取り組み方」について興味を持ち、レポートを書きました。以下はその冒頭です。この文章を読んで【課題1】に取り組んで下さい。

　私は、人文学科なので特に言葉に敏感です。特に、「地球温暖化」という言葉が、悪くて、前から反対です。
なぜなら、「地球温暖化」の「温暖」という言葉は、「暖かい人」「温暖な気候」等から連想するように、特によいイメージが強いからで、特に寒い朝等は、「温暖化が進めばよいのに」等と不謹慎なことすら考えてしまい、もし、これおが、「温暖化」ではなく、「日本沈没化」「地球高温化」等の言葉だったら、違いが出ると思われ、朝のテレビで、「日本沈没化が進んでいます。レジ袋の削減にご協力下さい」と呼びかければ、「こりゃ、レジ袋使ってる場合じゃねーや」となり、特に効果絶大ではないか。
このような観点から、「地球温暖化」の元の語である 'global warming' の 'warming' には、日本語の「温暖」と比べて、プラスのイメージが少ないのではないか、不快な暖かさを示すこともあるのではないか、という観点から特に調査をし、言葉の印象と環境保護への取り組み方について考察を加えたい。

▢▷ 13ページへ

では、次の〈例１〉と〈例２〉、及びナビゲートを読んで、【課題２】に取り組んでみましょう。

〈例１　葉月君と同期の大富さんとのやりとり〉
　葉月：大富さん、忙しいとこ申し訳ないけど、このレポート読んでもらえるかな？　特に調査したいことがちゃんと伝わっているか不安なんで意見が欲しいんだよ。もし、時間があれば、誤字・脱字なんかのレベルでも意見をもらえると有り難いんだけど。
　大富：うん。分かった。ちょうど今、20分くらいだったら時間が取れるから。（しばらく読んで）　うーんとね。まず、調査したいことはよく分かるし、私の感想としてはとても面白い調査だと思うよ。ただ、レポートの文章としては、改善できるところが結構あると思うんだよね。例えば、「デスマス」を使った文章は止めて、「デアル」のような文章に統一した方がいいと思う。それから、最初から２行目の「悪くて」って、何が悪いのか、しっかり書いた方が、問題点が相手に伝わると思うよ。どうかな？
　葉月：うーん、ここは何ていうか「訳として失敗している」というか、何となく「悪い」ってことなんだけど。確かにそうだね。言う通りだね。
　大富：それから、私の好みの問題なんだけど、「こりゃ、レジ袋使ってる場合じゃねーや」みたいな言い回しは、ちょっとレポートにはよくないと思うな。まぁ、最終的には葉月君の判断だろうけど。あと、２段落目が１文なので、もう少し短く文を区切った方が読みやすいんじゃないかな。思うんだけど、池内先生がお書きになった論文を何本か読んでみて、文体とかを真似てみるのはどう？　そうすれば、全体的なトーンが学べると思うし。
　葉月：そっか、その手があったか。
　大富：あと、細かいことだけど、６行目「これおが、」の「お」は余計で、それから、段落の最初は１字下げにした方がいいと思う。それに、「特に」が６回も出てきてるんで、ちょっと多いと思うよ。他の人に見てもらうのもいいと思うな。また、違う意見もあるだろうし。
　葉月：分かった。忙しい中、ありがとうね。本当に助かった。
　大富：こっちも、勉強になったよ。レポート上手くいくといいね。

〈例２　葉月君と同期の池上君とのやりとり〉
　葉月：このレポートの冒頭見てくんないかな。結構、自信あるんだけど。
　　池上：（しばらく読んだ後）葉月、おまえ、これ、言葉に敏感な人文学科の

学生のレポートにしては、ひどすぎるだろ。
葉月：えっ、どこが？
池上：どこがって、大体、段落の最初が1字下げになってないし、それに、第2段落、よく見ると1文だろう。しかも、「特に」って6回も出てきてるし。それから6行目の「これおが」って何だよ。既に日本語じゃないだろ。
葉月：細かいな、おまえ。細かすぎるよ。だから邦子ちゃんに振られたんだよ。それに、インターネットとか見たらさ、段落の最初、1字下げしてないんだよ、最近は。それに、長い文の方が、俺は好きなんだよ。文が短いとカッコよくないじゃん。「特に」って言葉も特に好きだし。それよりさ、'warming'の印象を調べるってアイディア、どう？
池上：おいおい、おまえの誤字脱字と邦子のことは関係ないだろって。だいたい、昨日別れたばっかなのに、どうして知ってんだよ。それに、俺の意見聞かなかったら、俺が読んだ意味ないだろうが。そもそも、俺、「地球温暖化」って言葉、全然悪いと思わないよ。いいじゃん、温暖化で。もともと、'warming'なんだし。
葉月：だーかーらー、それがいいかどうかってことも含めて調べるんだろ！
池上：まず、言葉の意味ってとこが小さいって。ガンの特効薬とか考えろって。

…→ ナビゲート

- [ ] 大富さんは、どのような順序で話をしているでしょうか。
- [ ] 〈例2〉の場合、池上君の言い方もよくありませんが、葉月君側にも問題があるようです。どのような問題があるでしょうか。　　　▷ 14ページへ

ポイントアドバイス

■「私」を主語にして意見を言う方がトラブルが生じにくい
　「あなた（の文章）は××だよね」というよりも、「私は、こうした方が△△で、よいと思うんだけど」というように、「私」を主語にすると、より、トラブルが生じにくい表現になります[1]。

---

[1] 場合にもよりますが、相手を主語にしてしまうと、図らずも非難するニュアンスが生じてしまうことが多いようです。なお、「私を主語に」という考え方は、Iメッセージ・YOUメッセージの考え方を参考にしています。詳しくは、畔柳2007（参考文献欄を参照）等を参考にするとよいでしょう。

6 文章を読解する

Japanese Expressions

アカデミックリーディング

　大学生になると、限られた時間の中で必要な文献を探し出し、様々な方法を駆使して内容を把握しながら、自分の意見を構築することが求められます。本章では、これらの方法について、具体的なポイントを学んでいきます。

　一口に「文章を読む」といっても、実際に読むときの目的は様々です。まずは、目的に応じた読み方について考えてみましょう。【課題1】に取り組んで下さい。

◉ 取り組んでみよう【課題1】

　トレーニングシート15ページの❶〜❺の場合について、それぞれどのような読み方が適切かを挙げて下さい。

▷ 15ページへ

ポイントアドバイス1

■目的に応じて読み方を使い分ける
　読み方には、次のように様々な種類があります。目的に応じて読み方を使い分けることで、情報を得る能力が上がります。
○精読：内容を正確に理解するために、細かく丁寧に読む。
○多読：内容の正確な理解にこだわらず、多くの本を次々と読む。
○批判的読み（クリティカルリーディング）：論の進め方や結論が妥当かどうか、客観的・批判的な視点で読む。
○スキミング：内容を大まかにつかむために、全体にざっと目を通す。
○スキャニング：特定の情報を得るために、該当する箇所を探し出し、その部分に目を通す。

■本を構成する要素を活用する
　限られた時間の中で自分の目的に合った文献かを見極めるには、題名や目

> 次、「はじめに」「おわりに」等から得られる情報を活用することが重要です。

　次に、文章の内容を正確につかむ「精読」のポイントについて考えていきます。
　文章の内容をつかむためには、論がどのような筋道で展開されているかを把握する必要があります。
　文章は段落から構成されていますが、それぞれの段落には、たいていの場合、筆者の「言いたいこと（主題）」が1つ（以上）含まれています。そして、その主題をより明確に説得力のあるものとして伝えるための説明や例示等を示す文が加えられ、段落が構成されます。主題は、1文で簡潔に述べられている場合もあれば、2文以上にわたって述べられている場合もあります。
　さらに、段落同士は、「主張」と「言い換え」、「主張」と「根拠」のように論を構成し、1つのまとまりを持った文章となります。そして、全体を通して、「何らかのテーマ（問題）」について「筆者の主張」が述べられることになります。
　よって、文章を読む時には、段落の主題を読み取り、段落同士の関係を捉え、文章のテーマと主張を理解することが大切です。ナビゲートを参照しながら、【課題2】に取り組んでみましょう。

⋯▶ ナビゲート

☐　構成分析の手がかりとなるのは接続表現です。
　　〇順接：したがって／よって 等
　　〈例〉前線が近付いている。<u>したがって</u>、明日は雨が降る確率が高い。
　　〇逆接：しかし／だが 等
　　〈例〉この案はよい点がある。<u>しかし</u>、問題点も多い。
　　〇並列・列挙・累加：第一に／まず／最初に／また／そして／かつ／そのうえ 等
　　〈例〉<u>第一に</u>、環境に優しい。<u>第二に</u>、値段が手頃である。
　　〇対比・選択：一方／それに対して／または／あるいは 等
　　〈例〉A市では太陽光発電が活用されている。<u>一方</u>、B市では水力発電が主力である。
　　〇換言：すなわち／言い換えれば／つまり 等
　　〈例〉三権、<u>すなわち</u>、立法権、司法権、行政権は、……である。
　　〇比較：むしろ／かえって 等

第6章　文章を読解する　21

〈例〉わたしたちにとって、犬のポチは、ペットというより<u>むしろ</u>家族の
　　　一員だ。
　○例示：例えば 等
　　〈例〉東京には公園が意外に多い。<u>例えば</u>、日比谷公園は有名である。
　○理由：なぜなら／その理由は 等
　　〈例〉子どもが携帯を持つのに反対だ。<u>なぜなら</u>、犯罪に巻き込まれやす
　　　くなるからだ。
　○補足：ただし／なお 等
　　〈例〉この案に賛成である。<u>ただし</u>、次の点に留意すべきである。
　○転換：さて／ところで 等
　　〈例〉……である。<u>さて</u>、次の話題にうつりたい。
　○結論：このように／以上 等
　　〈例〉……である。<u>このように</u>、街は次第に発展していったのである。
□　文章中の「この／その」等の指示表現が何を指し示しているか確認しながら
　読み進めましょう。

▷ 15ページへ

ポイントアドバイス2

■語の意味に注意する

　専門的な文章には、専門用語が出てくるので注意しましょう。
　注意しなければならないのは、一般的な語としても用いられている語が専門的な意味で用いられている場合です。例えば、「付加価値」は「付加価値を付けた新商品が大ヒットした」のように「商品やサービス等で他のものにはない価値」という意味で用いられますが、経済学では「売り上げから中間投入（原材料・燃料の代金）を差し引いたもの」という意味で使われます。専門用語は読者が理解しているものとして文中で説明をせずに使っている場合も多く、語の意味を曖昧にしたまま読み進めることが致命的な誤解を招く場合があります。必要に応じて専門的な辞典を調べる等して、語の意味を明確にすることが大切です。

　最後に、クリティカルリーディングの入門として、【課題3】に取り組んでみましょう。

▷ 15ページへ

7 文章を要約する

Japanese Expressions

パラグラフの分析

　資料の内容を簡潔に説明したり、話の内容を的確にまとめる力は、大学生や社会人になって必要とされる力です。本章では、文章の要約文を作成することで、要約の際のポイントについて学んでいきます。要約文の作成は、書く力を養うことにも役立ちます。

　文章を要約するためには、文章の内容を正確に捉えた上で、要約文としてまとまりのある文章に仕上げる必要があります。6章の内容をふまえ、本章のナビゲートを参照しながら、【課題1】に取り組んでみましょう。

取り組んでみよう【課題1】

〈文章1〉について、次の手順で500字以内の要約文を作成して下さい。
1. 6章で行った方法で、文章の構成をつかみながら、ノート等に、段落ごとに要点を書き出して下さい。
2. ❶をもとに、要約文を作成して下さい。

〈文章1〉

　愛知万博では、微生物によって分解される生分解性プラスチックでできた食器やゴミ袋を使用したことによって、七二〇トン分の二酸化炭素の排出を削減できたという。トウモロコシを原料とするコップや皿などの食器二〇〇〇万個、ゴミ袋五五万枚を使ったためだ。何度も使い回せる食器で余分なゴミを減らす、二酸化炭素を出さないような製品に変える、などの技術のおかげである。環境との共生を謳った愛知万博らしい成果であったと言える。
　しかし、ふと疑問に思うこともある。道徳が技術に肩代わりされていくことで良いのだろうか、という疑問である。愛知万博では、食器やゴミ袋に環境に優しいものが使われるようになって、何も気にすることなく容器を捨てることができた。これが堆肥になると思えば、使い捨てすることの後ろめた

さを薄れさせてしまったのだ。技術が道徳の代行をしてくれたためである。

　本来、私たちの良心と行動によって地球環境を守るよう求められている。地球に優しいと自ら感じたことを自発的に実行し、生活まで変えていこうとする覚悟が重要なのである。そのような意識は人間が持つべき「道徳」として定着しつつある。道徳と言えば堅苦しいが、人間としての行動の規範のことで、そのような発想（環境倫理というべきかもしれない）を身につけた人間が増えていくことこそが人類の未来への希望とも言えるだろう。

　ところが、そのような個人の道徳心を涵養するのではなく、技術によって問題が発生しないように前もって手を打っていくことが増えている。それによって表面的には道徳が機能しているかのような状態が作り出されるのである（越智貢編『情報倫理学入門』ナカニシヤ書店、第五章後藤広志の論文による）。

　映画館や学校では通信妨害電波を発信して、ケータイを実質的に使えなくする方法が広がり始めている。これによって映画館や学校の静寂が守られるというわけだ。また、クルマの速度制御装置を制限速度以下になるよう設定しておけば、スピード違反をしなくて済む。速度制御装置を取り付けようと考えたのは道徳心から来たものだが、後はそれにお任せしておけばもはやクルマのスピードのことを考える必要がない。

　確かに、それらによって公衆の安寧と安全が保たれ、地球環境に優しい行為が自動的になされるようになるのだから、結構なことと言うべきかもしれない。

　しかし、技術が発達すれば、その分だけ私たちの能力が失われていくことに注意する必要がある。鉛筆がシャープペンシルに取り替わって子どもたちはナイフを使うことができなくなり、クルマを使うことが増えて走力が衰え、エアコンがあらゆる場所に普及して体が汗をかかなくなった。パソコンを使うようになって漢字の書き方を忘れることも増えた。技術が手や足や体や頭脳の役割を肩代わりしてくれることによって、知らず知らずのうちに私たちが原初的に持っていた能力を失っているのだ。

　これと同じだとすれば、技術が道徳の代行をするうちに、私たちが生来的に持ち、あるいは成長の過程で獲得してきた道徳的な判断力が衰えていくことにならないだろうか。大勢の人がいる場でケータイを使わないのは、人に迷惑になるための配慮ではなく、妨害電波があるためになってしまう。スピード違反をしないのは、事故で人を殺しかねないためではなく、速度制限装置が働いてくれるためになるかもしれない。本来の道徳的な目標が忘れられ、

ただ技術が命じるままに行動しているだけになりかねないのだ。

　このような技術はまだ一部でしか使われていないから考え過ぎと思われそうだが、それが全面的に広がって当たり前になってしまったらどうなるかを想像する必要があるだろう。ひょっとすると、人々は道徳心を失ったロボット同然の行動しかしなくなるかもしれない。

　迂遠なようだが、人々の道徳心を涵養し、どのように判断すべきかを決めていける人間であり続けねば、社会は荒廃してしまうだろう。道徳を技術で置き換えることの危なさを考えておくべきではないだろうか。
(池内了2009「技術が道徳を代行するとき」『科学の落し穴　ウソではないがホントでもない』(晶文社)による)

⋯▶ ナビゲート

☐　各段落の主題を文にまとめると、どのようにまとめられますか。
☐　各段落の主題はどのような関係で構成されていますか。
☐　文章の主張は何でしょうか。

▷ 19ページへ

ポイントアドバイス

■要約文としてまとまった文章にする
　段落ごとの主題を書き出し、それをもとに要約文を作成する場合は、主題の文の羅列にならないよう、接続表現等を用い、まとまりのある文章に仕上げましょう。

■筆者の主張を言い換え等で簡潔にまとめる
　少ない字数でまとめる場合は、繰り返しの部分や例等の部分を削除し、主張を簡潔にまとめます。字数の少ない表現で言い換えることも効果的です。

　それでは、実際に一定の量の文章を読んで要約文を作成する【課題2】に取り組んで下さい。

▷ 21ページへ

第7章　文章を要約する

8 データを集めて解釈する

Japanese Expressions

リサーチ・リテラシー入門

　この章で学ぶことは、研究や仕事でデータを集める際に必要なことです。多くの学生が（場合によっては研究者ですら）見逃してしまう落とし穴がいくつかあります。データを正しく集めて妥当な解釈を得る、リサーチ・リテラシーの入門として取り組んで下さい。

　本章では、ナビゲートやポイントアドバイスはありません。具体的な事例を通して、データの集め方や解釈について考えてみましょう。

◉ 取り組んでみよう【課題1】

　次の例に出てくる、大野君と野口君は、データの集め方について、同じ誤りを犯しています。データの集め方について検討し、誤りを指摘して下さい。

　大野君と野口君は、大阪栄養健康大学の4年生である。大野君は「発酵食品と若者の嗜好」を卒業論文のテーマとし、野口君は「就寝時刻と睡眠の質」を卒業論文のテーマとした。

　大野君は、「若者は、どの程度、納豆が好きなのか」を明らかにする必要があると考え、大阪市内の高校生300人を対象にアンケート調査を行った。その結果、283人が「納豆は非常に嫌い」あるいは「納豆は嫌い」と回答した。このデータをもとに、大野君は「納豆は若者にあまり受け入れられていない」という結論を出した。

　野口君は、「大学生の就寝時刻」を知りたいと思い、自分が住んでいる下宿アパートの学生26人と、隣の下宿アパートの学生32人を対象にアンケート調査を行った。その結果、52人の学生が、午前3時～午前4時の時間帯に就寝していると回答した。このデータをもとに、野口君は、「大学生の就寝時刻は、概ね午前3時～午前4時」という結論を出した。

▷ 23ページへ

次の例に出てくる、山田さんと鈴木さんも、データの集め方について、同じ誤りを犯しています。次の2つの例を読んで、【課題2】に取り組んでみましょう。

〈山田さんの例〉　「東京市の牛乳屋」という小説は、大正時代に書かれたことは分かっているが、作者は不明である。国文学科4年の山田さんは「芥川龍之介」が作者ではないかと考え、卒業論文のテーマとして、「東京市の牛乳屋」に出てくる品詞を分析した。その結果、「助詞」「名詞」「助動詞」の順で使用頻度が高いことが分かった。次に芥川龍之介の初期の作品である「羅生門」「鼻」「芋粥」の品詞を分析したところ、同様の傾向を示すことが分かった。このデータをもとに、山田さんは「東京市の牛乳屋」の作者は芥川龍之介だという結論を出した。（※「東京市の牛乳屋」は架空の作品）

〈鈴木さんの例〉　共通科目「メディア報道と迷信」の学期末課題として、「メディアで扱われたものの中で迷信と思われるものを1つ選び、どのようなことでもよいのでレポートせよ」という課題が出た。食生活学科の鈴木さんは、「お酢を飲むと頭がよくなる」という週刊誌報道の真偽を確かめるために、クラスメート32人全員に1週間毎朝お酢を飲んでもらい、必修科目である「英語2」の期末テストに臨んでもらった。テスト終了後、自己採点してもらったところ、全員が、「85点以上であり、Aは確実である」ということが分かった。このデータをもとに、鈴木さんは、「お酢を飲むと頭がよくなる」というのは本当である、という結論を出した。　▷23ページへ

週刊誌『デーマ』に次のような記事がありました。この記事を読んで、【課題3】に取り組んでみましょう。

大学生はキレやすくなった！
　最近、若者の犯罪が特に目立つが、何と、本誌の調査により、最高学府で学んでいるはずの大学生も「キレやすくなった」ことが、具体的な数値から立証された。

〈刑法犯少年における大学生数の推移〉　（単位：人）

H3	H4	H5	(略)	H17	H18	H19
3,163	3,683	3,682		5,651	5,818	5,391

　この表は、警察庁が出している統計データを参考に、刑法犯少年（刑法犯

の罪を犯した犯罪少年のこと。少年は20歳未満の者を言う）の中に大学生が何人いたかを本誌記者がまとめたものである。

　出典が確かなものであるから、信用できる数値であることは言うまでもないが、平成3～5年と平成17～19年を比べると、明らかに犯罪少年の人数が増えているのが分かる。平成3年と平成19年を比べると、2,228人も増えており、約1.7倍になっているのである。つまり、大学生は、昔より2倍近く、キレやすくなったということである。

　このように大学生の犯罪が増加した背景には、少子高齢化の影響があるだろう。子供が少なくなり、その分甘やかされて育てられたため、短絡的な思考になってしまったのである。日本は少年犯罪大国になってしまったと言える。

▷ 23ページへ

次の事例を読んだ後、【課題4】に取り組んでみましょう。

〈事例1〉　田辺君は「大学生はどのくらいの割合で選挙の投票に行くのか」を調査する必要があったので、自由選択科目「政治とメディア」の時間を借りて、「次回の衆議院選挙で投票に行くか」という無記名アンケート調査を受講生（当日の出席者230名）に行った。

〈事例2〉　中学生1万5千人を対象に、「普段どのようなドリンクを飲むか（スポーツドリンクか、炭酸飲料か、その他のジュースか）」という調査を行い、スポーツテストの結果と比較したところ、「スポーツドリンクをよく飲む生徒は、スポーツテストの結果がよい」ということが分かった。

　このデータをもとに、「スポーツドリンクを飲むと運動神経がよくなる！」というスポーツドリンクのCMが作成された。

〈事例3〉　「アニマルヒーリング」を研究している川島さんは、猫や犬等のペットを飼っている人100人と、ペットを飼っていない人100人を対象に、アレルギー疾患の罹患率を調査した。その結果、明らかにペットを飼っている人の方が、アレルギー疾患の罹患率が低いという傾向があった。このデータをもとに、ペットには、アレルギーを治す効果があると結論付けた。

▷ 24ページへ

最後に【課題5】に取り組んでみましょう。　　　　　　　▷ 24ページへ

※【課題3】のデータの出典及び数値は、警察庁HP（http://www.npa.go.jp/toukei/）上の資料に基づいています。また、本章の内容について、詳しく学びたい人には、ダレル・ハフ1968や谷岡2000（参考文献欄を参照）等がおすすめです。

9 インターネットを用いて調査する

Japanese Expressions

メリットとデメリット

　この章では、インターネットを利用した調査の方法について学びます。何かを調査するに当たってインターネットの使用は有効ですが、一方で、注意すべきこともあります。メリットとデメリットをしっかりと押さえた上で、便利な検索方法について考えてみましょう。なお、10章もあわせて読むことをおすすめします。

◉ 取り組んでみよう【課題1】

　トレーニングシート25ページにある❶〜⓫について、あなたはどう思いますか。よいと思う点や問題点、もう少し工夫した方がよい点等を、それぞれの理由と共に書いて下さい。

▷ 25ページへ

ポイントアドバイス1

■**インターネット上の情報は注意が必要**
　インターネット上の情報の中には信憑性が低いものもあります。どのような人（団体）が作成した情報なのか、第三者が簡単に書き換えることができてしまう情報か等をチェックし、十分な注意を払いましょう。

■**「インターネット」→「図書館」の順がおすすめ**
　分野にもよりますが、基本的には、まず、インターネットで調べて当たりをつけ、次に、図書館等で本格的に調査するという手順が、最も効率的で確実な方法でしょう。

　【課題1】が終わったら、インターネットの利用方法について考えてみましょう。【課題2】に取り組んで下さい。

▷ 26ページへ

ポイントアドバイス2

■インターネット上の情報を利用するには工夫が必要

　インターネット上の情報は、いつ削除されるか分からないので、レポート等に利用する場合は、その部分をプリントアウトし添付した方がよいでしょう。その際、少なくとも、URLと調査年月日、及び、どのような人（団体）が作成した情報かを明示するようにしましょう。なお、このあたりのルールは、担当教員によって異なる場合があるので、事前に確認しておくのが安全だと言えます。

　では、次に、検索方法について考えみたいと思います。以下の事例を読んだ後、【課題3】に取り組んで下さい。

〈事例1〉　英米文化学科政治経済コースの山田君は、バラク・オバマ氏に関する論文や書籍を調べたいと思い、GeNii[1]（ジーニイ）で'バラク・オバマ'と入力して検索した。その結果、かなりの検索結果を得ることができたので、それで満足した。

〈事例2〉　国文学科の小林君は、「全然おいしい」という言い方に関する論文を調べたいと思い、国文学研究資料館の国文学論文目録データベース[2]で'全然'と入力して検索した。その後、'ぜんぜん''ゼンゼン'等のキーワードで検索を行った。

〈事例3〉　体育学科2年生の鈴木さんは、スポーツに関するカウンセリングについて、どのような考え方があるのか知りたいと思った。そこで、GeNiiで'スポーツとカウンセリング'と入力して検索したところ、ヒットする文献がなく「該当する文献は見付かりませんでした。」という表示がでた。そこで、スポーツに関するカウンセリングの文献は無いと判断した。

〈事例4〉　経営学科3年生の山口さんは、講演会で、「勝手に自分の限界を決めるな」という趣旨の孔子の言葉を聞いた。素晴らしい言葉なので、是非、座右の銘にしたいと思ったが、その言葉自体は、とても難しく、「力足らざる者……」くらいしか聞き取れなかった。これだけの手がかりでは探しようもないので、結局、何もせずに諦めた。

〈事例5〉　マンガ研究会に入った柳原君は、土曜日の昼にイラストをかいているとき、いろいろな動物の線画を参考にしたいと思った。大学の図書館に行って確認したいが、ネットで調べたところ、土日は休館であった。インスピレーションが湧いているので非常に残念だが、そこで作業を断念した。

〈事例6〉 英文学科2年の冨田君は 'Would you' と 'Will you' では、前者の方が多く使われると聞いた。そこで、'Would you tell me about ～' と 'Will you tell me about ～' という言い方でどのくらい差があるかを調べようと思い、Googleのフレーズ検索を利用して、'Would you tell me about' と 'Will you tell me about' のように入力して、それぞれの数を調べたところ、予想に反して 'Will you tell me about' の方が多いことが分かった。

▷ 26ページへ

ポイントアドバイス3

■どのような言葉で検索するかが重要

1つのことを調べる場合でも、検索する言葉を工夫し、いろいろな言葉で検索するようにしましょう。例えば、「痛風」について調べる場合でも、「痛風」で検索することに加え、「プリン体」「尿酸」「高尿酸血症」「帝王病」「贅沢病」「生活習慣病」等の言葉で検索することにより、より広い情報が得られます。また、同じ言葉でも、ひらがな／カタカナ／漢字／アルファベットで検索する場合では、それぞれ結果が異なると考えた方がよいでしょう。

■便利な検索を利用しよう

and検索、or検索、画像検索、フレーズ検索等、検索にはいろいろな方法があります。必要に応じて使い分けましょう。

では最後に、実際に検索して、読んでみたい論文を探してみましょう。【課題4】に取り組んで下さい。

▷ 26ページへ

※ インターネットでの調査について、もっと知りたい人には『インターネットで文献探索』(伊藤民雄・実践女子大学図書館著、日本図書館協会) をおすすめします。この本に関するページ (http://www.jissen.ac.jp/library/frame) も、検索の際にとても便利です。また、10章のポイントアドバイス3も参考にして下さい。

＊1 国立情報学研究所のサイトで、研究に必要な情報を総合的に利用できるポータルサイトです (http://ge.nii.ac.jp)。
＊2 http://base1.nijl.ac.jp/~ronbun/

10 図書館を利用する

Japanese Expressions

「知」の宝庫の探索

　この章では、図書館の利用方法について学びます。何かを調べるときには、多くの場合、図書館を利用するわけですが、図書館の便利な機能を知らない人も意外と多いようです。これは大変もったいないことです。「知」の宝庫である図書館について学んでいきましょう。

　まず、図書館を利用する際に知っておくと便利な用語や概念について、調べてみたいと思います。必要に応じて電子辞書や携帯電話[*1]等を使って、【課題1】に取り組んでみましょう。

取り組んでみよう【課題1】

トレーニングシート27ページにある❶〜⓭の用語について調べ、それぞれの意味を書いて下さい。

▷ 27ページへ

　では、次に、図書館の便利な機能について調べてみましょう。【課題2】に取り組んで下さい。
▷ 28ページへ

　図書館の資料には、百科事典や雑誌等、様々なものがあります。それぞれの資料には特徴がありますので、その特徴を押さえた上で調査を行うのがよいでしょう。ナビゲートを参照して【課題3】に取り組んで下さい。

⋯➜ ナビゲート

☐　まず、「情報の鮮度」「情報の信憑性」「情報を体系的に得られるものか、それとも特定の情報について深く知ることができるものか」等の観点から考えてみましょう。次に、「当該の資料で調べることの利点」について考えてみま

しょう。このように考えると、それぞれの資料の特徴が見えてくると思います。

▷ 29ページへ

では、図書館を通じて、雑誌論文や図書を取り寄せてもらう場合に、どのような情報が必要なのかを実際に見てみましょう。【課題4】に取り組んで下さい。

▷ 30ページへ

ポイントアドバイス1

■奥付があると便利

トレーニングシート30ページの「資料調査依頼票」にあるように、「奥付（本の後ろの発行年月日等が書いてある部分）のコピー」を頼んでおくと、後日参考文献一覧を作成するときに便利です。また、日本語の論文を取り寄せる場合には、執筆者の漢字の読み方が分からない（例：「新谷」でアラヤかシンタニか等）場合に備え、論文の英文タイトルが載っている部分のコピーをお願いするという方法もあります。執筆者名がローマ字で表記されているので読み方が分かるからです（図書の場合、奥付の©の横にローマ字表記が示されていることもあります）。

【課題4】が終わった人には、実際に図書館を利用して、論文を手に入れる課題を用意しました。【課題5】に挑戦してみて下さい。なお、この【課題5】で入手した論文は、12章で体裁を学ぶ際に使用します。

▷ 30ページへ

ポイントアドバイス2

■文献を取り寄せるときに必要な情報

本章の【課題4】で「資料調査依頼票」に記入したような情報を押さえておかないと、文献の取り寄せが難航する場合があります。

■芋づる式のすすめ

学術的な図書や論文であれば、必ず「参考文献」あるいは「引用文献」が付いているはずです。その部分を見れば、自分に関係のある文献を効率的に知ることができます。「参考文献に載っている文献を手に入れて、またその

参考文献を見れば……」のように、芋づる式に関連のある文献を知ることができるわけです。書籍やコンピュータでの検索に加え、この「芋づる式」を行うことで、文献調査の力はより高いものになります。

　最後に、便利な検索情報をまとめておきます。一部有料のものがありますが、図書館であれば無料で利用できるものもあるかもしれません。

ポイントアドバイス3

■便利な検索情報
- 想（http://imagine.bookmap.info/）
　　キーワードを入れると関連する本を探してくれます。入門書を見付けるのに便利です。利用の際は、チェックボックスに注意しましょう（「新書マップ・テーマ」にチェックが入っているか確認して下さい）。
- Webcat Plus（ウェッブキャットプラス：http://webcatplus.nii.ac.jp/）
　　人間の思考方法に近い検索技術を使って、必要な図書を効率的に探すことができます。また、探している図書が、どの図書館に所蔵されているか分かるので、この点も便利です。
- CiNii（サイニイ：http://ci.nii.ac.jp/）
　　学術論文のデータベースです。一部有料です。
- GeNii（ジーニイ：http://ge.nii.ac.jp/genii/jsp/index.jsp）
　　上記のWebcat PlusやCiNiiがまとめて検索できます。
- 国立国会図書館蔵書検索（NDL-OPAC：http://opac.ndl.go.jp/）
　　一般資料（図書、博士論文等）や雑誌記事索引等、国立国会図書館内の検索が可能です。
- JDreamⅡ（https://ninsho.jst.go.jp/）
　　科学技術や、医学・薬学関係の国内外文献情報を検索できるデータベースです。自然科学系論文の検索に適しています。有料です。
- Web　OYA-bunko（http://www.oya-bunko.com/）
　　週刊誌・月刊誌等を多く所蔵する雑誌図書館、大宅壮一文庫の雑誌記事索引が検索できます。世相や風俗の調査に適しています。教育機関を対象にしたデータベースで、有料です。
- MAGAZINEPLUS（http://web.nichigai.co.jp/）
　　学術雑誌や一般雑誌の記事を検索することができます。有料です。

---

*1　携帯電話で用語を調べるには、Weblioのモバイルサービス（http://m.weblio.jp/）が便利です。ただし、インターネット上の情報は、9章を参照し、慎重に利用して下さい。

11 堅実なレポートの書き方を学ぶ1

Japanese Expressions

ブレーンストーミングの利用

　この章では、堅実なレポートの書き方について学びます。レポートは、基本的には「何かについて調べ、その結果から分かることを報告する」ものですから、「調査をする」ことが大切になってきます。ここで学ぶことは卒業論文を執筆する際にも有効です。また、12章もあわせて読んで下さい。

◉ 取り組んでみよう【課題1】

　共通教育科目「言葉と人間関係」の期末レポートとして、「『言葉と人間関係』というテーマで自由に論ぜよ」という課題が出ました。長里さん、山崎君、小林君、富田君、寺島さんは、授業で説明のあった、「潤滑油としての敬語」に興味を持ち、それぞれ次のようなレポートを書きました。あなたが教員だったら、各レポートにどのような評価を与えるか想像して、A⁺〜D（不可）を付け、そのような評価をした理由を書いて下さい。その後、どのようなレポートがよいレポートかを書いて下さい。

〈事例1〉　長里さんは、人間関係の潤滑油という観点から、「英語の敬語」について調べ、先行研究の指摘をふまえて、日本語との違いについて論じた。

〈事例2〉　山崎君は、「敬語の乱れ」は「人間関係の乱れ」であって、「経済の乱れ」に通じると考えており、「最近の若者は敬語が使えないから、日本が不景気なのだ」ということをかなりの分量で主張した。

〈事例3〉　小林君は、「敬語」に興味はあるが、「人間関係」には全く興味がないので、文化庁「敬語の指針」が作成された経緯について調査し、レポートにまとめた。

〈事例4〉　富田君は、小説において、「敬語で質問する」場面を大量に抜き出し、敬語で質問する人には目下のものが多く、敬語で質問される人には、目上のものが多いことを述べ、「敬語」は目下のものが使う潤滑油であることを述べた。

〈事例5〉　寺島さんは、小説と映画のシナリオを資料として、「部下が上司

に敬語を使わないで話す場合」と、「上司が部下に敬語を使って話す場合」を調査した。その結果、かなりの割合で、「敬語を使用しないことが逆に親しさの表現になること」、「敬語を使用することが距離をおく表現になること」が分かったので、そのことをふまえ、敬語が潤滑油として働く場合の条件を考察した。

▷ 31ページへ

ポイントアドバイス1

■小規模な調査＋考察＝堅実なレポート
　分野にもよりますが、慣れないうちは何らかの調査をした方がよいでしょう。
■授業に関係のあることをレポートする
　「授業の内容を理解している」ことを教員に伝えるために、授業に関係のあることをレポートしましょう。

では、次に、調査課題の設定の仕方について考えてみましょう。次のレポート課題を読み、ナビゲート1を参照して、【課題2】に取り組んで下さい。

　レポート課題（ア）　　「言葉と人間関係」というテーマで自由に論ぜよ
　レポート課題（イ）　　環境問題に関して自由に述べよ
　レポート課題（ウ）　　犯罪とマスコミ報道というテーマで自由に論じなさい
　レポート課題（エ）　　少子高齢化時代の事業について自由に述べよ
　レポート課題（オ）　　終身雇用制について自由に述べなさい

⋯▶ ナビゲート1

☐　まず最初は、否定することなく、どんどんアイディアを出しましょう。この方法は、ブレーンストーミング（ブレスト）という考え方を取り入れたものです。楽しい方法なので是非試してみて下さい。次に、出されたアイディアを組み合わせて、調査課題の選択肢を増やしてみましょう。

▷ 32ページへ

【課題2】で出した調査課題について、実際に調査を行うことができるかどうかを考えてみましょう。三省大学の斉藤君は、上記のレポート課題（イ）を選び、以下のような調査課題を考えました。

❶ 温暖化により、すみかを追われたペンギン達の現状について調査する。
❷ 「中国の経済発展に伴う公害」と、「日本の高度経済成長期における公害」について調査する。
❸ 年収と環境問題への意識との相関を調べる。
❹ ここ10年間で「地球温暖化」の報道が、どのように変化したか調査する。
❺ 関東の大学と関西の大学とで、学生の環境問題への意識が異なるか調査する。

　❶〜❺の調査課題を読み、ナビゲート2を参照して【課題3】に取り組んで下さい。

⋯▶ ナビゲート2

□　レポートや卒業論文には、時間・資料・調査方法等の制約があります。「調査にどのくらい時間がかかりそうか」「具体的にはどのような調査を行うのか」という観点から、調査課題が現実的かどうか検討してみましょう。

▷ 32ページへ

ポイントアドバイス2

■迷ったら入門書や先行研究を見る
　調査課題や調査について具体的なイメージが湧かない場合は、関係する入門書や先行研究を見てみましょう。具体的なイメージがつかめるはずです。

　最後に考察について述べます。多くの場合、調査結果をそのまま示しただけではレポートとして不十分です。調査結果から何が分かるのかを考え、最初に立てた調査課題に対応する形でまとめてみましょう。この作業が「考察」に当たります。

※　考察の仕方やレポートを書く手順等について、さらに詳しく知りたい人には、酒井2006・2007や戸田山2002等がおすすめです。

12 堅実なレポートの書き方を学ぶ2

Japanese Expressions

体裁で迷わない方法

　この章では、レポートの体裁について学びます。体裁を守らないとレポートとして認められない場合もあります。体裁は内容と同等に重要であり、しっかりと身に付けておく必要があるのです。そこで本章では、今後、体裁で二度と迷わない方法を学んでいきます。

　まず、体裁に関してどのような点に注意するべきなのか考えてみましょう。

取り組んでみよう【課題1】

　レポートや卒業論文を提出する際、体裁として、どのような点に注意するべきだと思いますか。思いつく限り挙げてみて下さい。

▷ 33ページへ

ポイントアドバイス1

■体裁で注意するべきポイント

　概ね次の点に注意するとよいでしょう。分野によって体裁が異なるので、作成要領等をよく読んで、どのような体裁での提出が求められているのか、必ず、最初に確認しましょう。

- ☐ 表紙の有無と、表紙に記載する内容、目次の有無、ページ番号の有無と位置
- ☐ 論題、副題、氏名、所属、学籍番号を書く位置とその大きさ
- ☐ 要旨の有無、要旨の分量、要旨の位置　　☐ 用紙のサイズ（A4判か、B5判か等）
- ☐ 1ページあたりの文字数（何文字×何行か）　☐ 分量　☐ 横書きか縦書きか
- ☐ 手書きか、ワープロか　　☐ フォント（書体）と文字サイズ
- ☐ 文体（デアル体か、デスマス体か等）
- ☐ 構成（「調査方法という節を必ず設けよ」等の条件を含む場合有り）
- ☐ 調査の概要の書き方　　☐ 注の位置（文章末注か、脚注か等）、注の内容
- ☐ 文字、記号、漢字等の使用制限　　☐ 図表等の使用制限

- □ 先行研究の引用の仕方
- □ 文献一覧（参考文献か、引用文献か）の有無、文献一覧の書き方

■**締め切りや提出方法にも注意が必要**

体裁ではありませんが、次のことにも注意が必要です。

- □ 締め切り（締め切り時刻まで確認することが重要です。）
- □ 提出方法・提出場所（メールに添付か、研究室に提出か等）

では、10章の【課題5】で入手した論文を分析し、体裁について学んでいきましょう。【課題2】に取り組んで下さい。　　　　　　　▷ 33ページへ

ポイントアドバイス2

■**まず、作成要領をよく読もう**

レポートや論文を書くときには、まず、作成要領をよく読みましょう。それでも分からない部分があれば、担当教員に確認するようにしましょう。

■**体裁で迷ったら学術論文の真似をしよう**

作成要領等に書いていないような部分については、信用のできる学術論文の体裁を真似してみましょう。体裁を真似るのはよいことなのです。どの学術雑誌が信用できるかは、担当教員に質問してみるとよいでしょう。

このような方法をとれば、体裁で困ることはないと思います。

■**体裁は最初に整えよう**

用紙サイズ・行数・文字数・文字サイズ等の体裁を最初に設定してから、書き始めると楽です。提出直前に体裁を整えるのはおすすめできません。

では、次に文献の示し方について学びましょう。文献の示し方は、雑誌論文と図書とで異なります（詳細は分野によって異なりますので、以下のものはあくまでも一例です。なお、これらの研究は実在の研究です）。

[雑誌論文の場合] 著者氏名＋（発行年）＋「論文タイトル」＋雑誌発行団体（学会名等）[*1] ＋『雑誌名』＋巻号数等＋掲載ページ

〈例〉福嶋健伸（1997）「いわゆる質形容詞の非過去形と過去形について」筑波大学文芸・言語研究科 日本語学研究室『筑波日本語研究』2：117-132.

〈例〉Iijima, Hiroyuki（2003）A Study on Inhibiting Factors in the

Reading Comprehension of Japanese EFL Learners. *Japanese Colleges of Technology Education Journal.* 26：297-302.

[図書の場合] 著者氏名＋（発行年）＋『図書名』＋出版地：出版社
〈例〉橋本修・安部朋世・福嶋健伸（2008）『大学生のための日本語表現トレーニング―スキルアップ編―』東京：三省堂
〈例〉Inoue, Kazuko （1969） *A Study of Japanese Syntax.* The Hague：Mouton.

[論文集に掲載された論文の場合] 著者氏名＋（発行年）＋「論文タイトル」＋論文集編者名（編）＋『論文集タイトル』＋掲載ページ＋出版地：出版社

上記の例を押さえた上で、【課題3】に取り組んで下さい。　　　▷ 35ページへ

最後に引用の仕方について学びましょう。引用の仕方は、大きく分けて2通りの方法があります。1つは、「　　　」や" "、あるいは2字下げ等を行い、当該の文章をそのまま引用する方法です。なお、引用する側が注記を付け加える場合は、〈引用例1〉のように（　　）の中に、その旨を明記します。

〈引用例1〉　福嶋（1997）でも、事実上、「（筆者注：質形容詞の過去形と非過去形について）具体的な時間にしばられているか、いないか（p.121）」という観点から考察が行われている。

もう1つは、次のように引用符号等を用いない方法です。

〈引用例2〉　福嶋（1997）でも、事実上、質形容詞の過去形と非過去形について、具体的な時間にしばられているかどうかを問題として考察を進めている。

どの方法がよいかは、分野や引用文の長さ等にもよりますが、いずれにせよ、引用する必要がある文献は、必ず引用して下さい。では、【課題4】に取り組んでみましょう。
　　　　　　　　　　　　　　　　　　　　　　　　　　　▷ 36ページへ

※　レポートの書き方について更に詳しく知りたい人には木下1981（参考文献欄を参照）等がおすすめです。

＊1　雑誌発行団体（学会名等）は省く場合も多いようです。

13 プレゼンテーションを行う

Japanese Expressions

レジュメ／アウトライン

　本章では、効果的なプレゼンテーションを行うために、必要な情報の収集・レジュメの作成・プレゼンテーションの構成の3点について学びます。パワーポイント等のプレゼンテーションソフトによるスライド作成のポイントについては、14章で学びます。

　まずは、プレゼンテーションを成功させるために、準備としてどのような情報を得る必要があるかを考えてみましょう。ナビゲート1を参考にして、【課題1】の1-1、1-2に取り組んで下さい。

◉ 取り組んでみよう【課題1】

　〈設定：大辞林大学の早川さんは、三省大学で行われる「大学生と環境問題」というシンポジウムで、大辞林大学の学生代表として、大辞林大学で行った環境に関する意識調査について発表することになりました。〉
1-1　発表内容や発表の仕方を決めるために、必ずチェックしておかなければならない項目があります。早川さんになったつもりでチェックリストを作成して下さい。
1-2　1-1で挙げたチェック点をグループ分けし、プレゼンテーションにおいて事前に確認する必要のある項目をまとめて下さい。

…▶ ナビゲート1

☐　発表の内容を聞き手にしっかり伝えるために、事前の準備でどのような点に注意する必要があるでしょうか。また、主催者側に確認する必要のあることは何ですか。思いついたことをできるだけ多く箇条書きにしてみましょう。

▷ 37ページへ

　次に、プレゼンテーションでよく用いられる資料であるレジュメについて、作成のポイントを確認してみましょう。次の〈レジュメ例〉を見て、【課題2】に

取り組んで下さい。

〈レジュメ例〉

シンポジウム「大学生と環境問題」 (2009.5.10　於：三省大学) 　　　　　大辞林大学における 　　　　　環境に関する意識調査 　　　　　　　　　大辞林大学環境科学科4年 　　　　　　　　　　　　　　　早川文代 １．発表の目的と結論 ［目的］…… ［結論］…… ２．調査方法 …… ３．調査結果 〈表1〉 　…… 　…… 　　　　　　　　― 1 ―	４．考察 …… ５．結論と今後の課題 …… 《参考文献》 …… 　　　　　　　　― 2 ―

　　　　　　　　　　　　　　　　　　▷ 37ページへ

　この〈レジュメ例〉は、大学の授業でも使えるオーソドックスな例です。授業のレジュメでは、授業名や学籍番号等が入ることになります。この例に示される構成も参考になるでしょう。この例の型をもとに、様々な工夫を加えるとよいと思います。
　最後に、これまでの内容をふまえて、実際にプレゼンテーションのアウトラインを考えてみましょう。ナビゲート２を参照しながら、【課題３】に取り組んで下さい。

ナビゲート２

☐　プレゼンテーションの目的(テーマ)は何ですか。

- [ ] 聞き手は何を知りたいと思うか、箇条書きにしてみましょう。
- [ ] 聞き手が知りたいことをふまえて、伝えたいことを絞り込みましょう。
- [ ] 聞き手が知りたいことを分かりやすく伝えるには、どのような順序で示すのがよいでしょうか。

▷ 38ページへ

　プレゼンテーションを成功させるためには、事前の情報収集や構成だけでなく、リハーサルも大切です。ポイントアドバイスとしてリハーサルのポイントを示します。リハーサルを十分に行い、プレゼンテーションを成功させましょう。

ポイントアドバイス

■リハーサルが大切

　プレゼンテーションを行う際には、リハーサルを行うことが重要です。リハーサルで確認すべきポイントは次の5点です。
- 構成は分かりやすくなっているか
- 話し方や態度は適切か
- 視覚資料は効果的か（14章参照）
- 時間内に終わるか
- 予想される質問は何か

　リハーサルを行うことで、具体的な改善点を見つけることができ、本番への自信にも繋がります。できれば、友人等にリハーサルを見てもらい、質問をしてもらったり、アドバイスをもらったりすることをおすすめします。ビデオに撮って自分で確認するのもよいでしょう。

14 視覚資料を作成する

Japanese Expressions

効果的なスライド

　本章では、プレゼンテーションで大切な視覚資料について学びます。大学では、パワーポイント等のプレゼンテーションソフトでスライドを作成する機会も多くなると思います。13章のポイントに加え、効果的なスライド作成のポイントを身に付けることで、よりよいプレゼンテーションを目指しましょう。

　まずは、視覚資料によく用いられるグラフについて考えてみましょう。【課題1】に取り組んで下さい。

◆ 取り組んでみよう【課題1】

　次の〈グラフ1〉から〈グラフ7〉は、それぞれ何を表すのに適しているか、〈例〉にならって指摘して下さい。

〈例　棒グラフ〉

1か月の書籍代
―三省大学国際学部生―

〈グラフ1　円グラフ〉

大辞林大学平成18年度
新入生の出身地

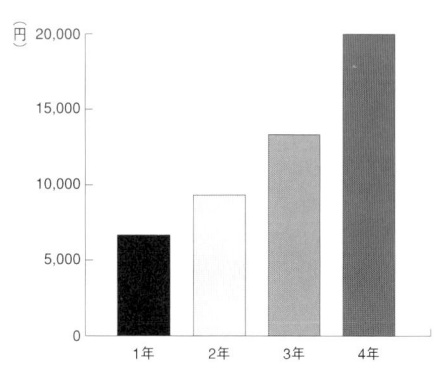

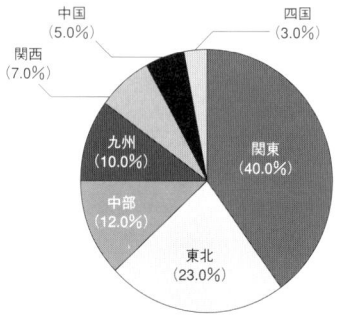

関東 (40.0%)
東北 (23.0%)
中部 (12.0%)
九州 (10.0%)
関西 (7.0%)
中国 (5.0%)
四国 (3.0%)

〈グラフ2　折れ線グラフ〉

1年間の気温の変化

〈グラフ3　帯グラフ〉

学生が新聞を読む頻度
―大辞林大学全学調査結果―

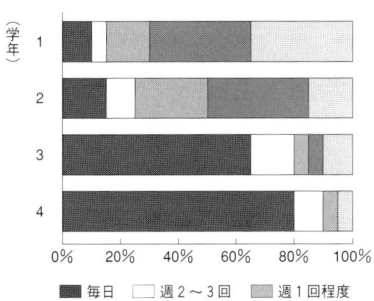

■ 毎日　□ 週2〜3回　■ 週1回程度
■ 全く読まない　□ その他

〈グラフ4　レーダーチャート〉

三省大学1年生体力測定

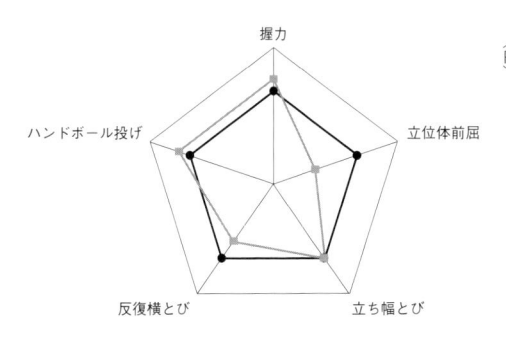

●— 1990年　■— 2010年

〈グラフ5　複合棒グラフ〉

大辞林大学生の1か月の収入

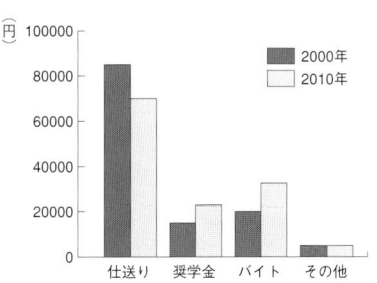

■ 2000年
□ 2010年

〈グラフ6　積み上げ棒グラフ〉　　〈グラフ7　散布図〉

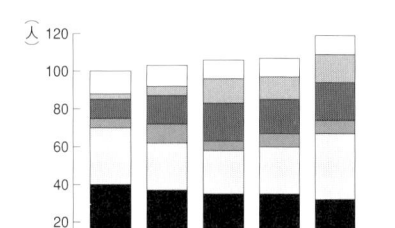

三省大学の留学生数　　　　三省大学外国語学部1年B組20名の期末テスト結果
　　　　　　　　　　　　　　　　　―英語とフランス語―

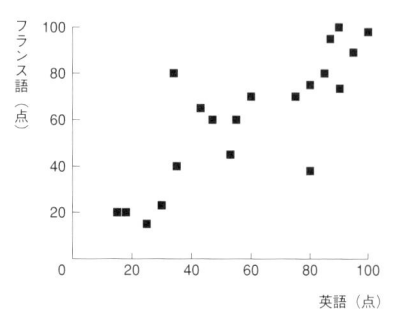

■中国　□韓国　■フィリピン
■オーストラリア　■カナダ　□その他

▷ 39ページへ

　グラフの特徴をつかんだところで、実際にデータを分析し、スライドを作成してみましょう。【課題2】に取り組んで下さい。　　　　　　　　▷ 40ページへ

ポイントアドバイス

■スライドは1分に1枚程度
　スライドは状況に合わせて適切な枚数を作成する必要があります。慣れないうちは、発表時間1分に1枚程度を目安にしましょう。

■1枚のスライドで主張することは1つ
　1枚のスライドに多くの情報を盛り込みすぎると、最も伝えたい内容が目立たず、注目してもらいにくくなります。1枚のスライドで示す内容は1つに絞り込みましょう。

■図式化・フレーズ化でシンプルな分かりやすいスライドに
　スライドは一目で分かるようできるだけシンプルにすることが大切です。文章で説明するのではなく、図式化やフレーズ化（短い語句や文で端的に示す）することで、伝えたい内容が一目で分かるスライドになります。また、色遣い等も工夫するとよいでしょう。デザインや文字等を動かすこと（アニメーション）に凝りすぎると逆効果です。シンプルなスライドを心がけましょう。

15 ディベートの技法を学ぶ

Japanese Expressions

議論の深め方

　本章では、ディベートの考え方を学び、議論を深める方法を身に付けます。ディベートの技法は単にゲームに勝つためのものではなく、自分の考えやものの見方を深いものにするための技術です。本章の課題に取り組むことにより、議論がより深く説得力のあるものへと変わります。

　まず、ディベートや議論に向いているテーマとはどのようなものかを見るために、【課題1】に取り組んで下さい。

◉ 取り組んでみよう【課題1】

　ディベートに向いているテーマとそうでないものを分けてみましょう。

▷ 43ページへ

　ディベートのテーマとして向いているかどうかを判断する主要なポイントは、概ね2つです。1つは、「複数の人間（社会・国・自治体等）に適用されることがらについて決めたり、判断したりしなければいけないことであるかどうか」という点で、例えば、「消費税を何パーセントにするか」については、実際に誰がどのような場で決めるかということを別にすれば、議論できる・議論すべきことがらである、ということになります。

　もう1つのポイントは、「一定以上の推論・論理構成を含みうるか」ということです。例えば「北京オリンピックで日本人選手が何個金メダルを取ったか」というようなことは、推論や論理構成は不要で（調べるだけで明確な答えが出る）、通常ディベートのテーマにはなりません。

　次に、ディベートの構成について見てみましょう。競技としてのディベートにはいくつかのバリエーションがありますが、標準的なものとしては、
1）テーマに対して、どちらの側に立つか決める（サイドを決める）
2）両サイドの立論

3）各サイドが相手に質問
4）各サイドが相手からの質問に回答
5）各サイドが相手側の立論に反論
6）両サイドのまとめ、結論

のようなものになります。3）、4）や5）は1回ではなく、場合により繰り返し行うことが可能です（競技として行う場合は事前にその回数や時間が細かく定められています）。

　ここで、論の出発点になる、立論を考えてみましょう。立論の骨組みは「根拠と主張」です。論理構成としては「『A』だから『B』」という形を基本とします。「コンビニのレジ袋を有料化すべきかどうか」というテーマであれば、「『有料化するとレジ袋を使い捨てにする人が減って環境によい（根拠）』だから『有料化すべきである（主張）』」というような形をとることになります。主張に対する根拠は1つでも複数でもかまいません。立論の練習として、【課題2】に取り組んで下さい。

▷ 43ページへ

　立論の後、それぞれのサイドが、相手サイドに対して質問・回答します。質問・回答によって、立論の詳細が確定したら、相手サイドへの反論を行います。多様な反論の可能性を検討することは、議論を深めるためには重要です。ナビゲート1も参照しながら、【課題3】で反論の練習をしてみましょう。

⋯➡ ナビゲート１

☐　反論の仕方にはいくつかの種類があります。以下は、「災害の被害を軽減するため（災害の被害を軽減できるから）首都移転すべきである」という立論に対する反論を例にしています。

A　「相手の立論の根拠そのものが誤っている・弱い」とするもの
　　例えば「結局移転先に人口が集中してしまうし、歴史を見ると地震災害は日本中まんべんなく起こっているので、災害被害の危険は小さくならない」というような反論。

B　「相手側の結論を採用すると、○○のような問題が生じる」というもの
　　例えば「移転すると、移転先の自然環境に新たな負担がかかる」というような反論。

C　「自分側が示す根拠の方が（相対的に）重要である」とするもの
　　例えば「確かにある程度災害の被害が減る可能性はあるが、自分側の移

転反対の根拠である『移転候補地決定を巡って深刻な地域対立が起こる』という問題の方が重要である」というような反論。
D 「それをするのは不可能（あるいは、大きなコストや負担がかかる）」というもの
　例えば「首都移転には都市整備のための膨大な費用や、法律改正のための大きな負担がかかる」というような反論。

概ね、Aは「相手側の根拠を直接否定するもの」、B〜Dは「他に（深刻な）問題が生じると述べるもの」です。Aタイプの反論が浮かばない場合、B〜D等のタイプの反論が見つからないか検討してみましょう。　　　▷ 44ページへ

相手から反論が出たら、今度はそれへの対応（再反論等）を考えます。ナビゲート2を参照しながら、【課題4】に取り組んで下さい。

ナビゲート2

□ 「自分が相手サイドだったら、どのように考えるだろうか」ということを意識して下さい。このことは、議論を深めるだけでなく、感情的対立を緩和するという効果もあります。　　　▷ 45ページへ

競技として行う場合は、最後にまとめ（最終弁論）を行ってディベートを終了させるのが標準的な形です。

ポイントアドバイス

■調べることの重要性

　重要な社会的テーマについては、これまでにいろいろな議論が行われているのが普通です。重要な論点を見逃さないためには、これらの先行の議論を調べることも大事です。

　また、何かを実現する場合、「どのような日程・手順で行うか」「コストはどれぐらいかかるか」等については、調べないと分からないことも多いので、徹底的なディベートを行うためには、それらについての調査も必要になります。

16 卒業論文の執筆計画を立てる

Japanese Expressions

就職活動との両立

　この章では、卒業論文の執筆計画の立て方について学びます。多くの学生は、卒業論文（卒論）の執筆と就職活動（就活）を並行して行うことになるでしょう。両者をうまく両立させるには、どうすればよいでしょうか。本章では具体的に考えていきたいと思います。

　「多くの学生は卒論を書くと同時に就活や教育実習等をする必要がある」という重要な事実は見過ごされがちです。しかし、本章では、この事実から目をそらさず、卒論と就活を両立させ、場合によっては、両者の相乗効果を期待できるような計画を考えていきたいと思います。
　まず、卒論執筆についてですが、最も大切なことは、指導教員に、ホウ（報告）・レン（連絡）・ソウ（相談）しながら進めていくことです。
　それでは、まず、【課題1】に取り組んでみましょう。

◉ 取り組んでみよう【課題1】

　卒業論文を執筆する際、「どの時期に」「何を」ホウ・レン・ソウするべきだと思いますか。思いつく限り挙げて下さい。

▷ 47ページへ

ポイントアドバイス1

■ホウ・レン・ソウするべきポイント
　概ね、次の点が大切です。流れをつかみやすいように、段階を追って説明します。
①**テーマ探し**：入門書等を読み、卒論のテーマを探します。自分で入門書を探していくつか読んだ後、他にどのような入門書がよいか聞きに行くのがよいでしょう。
②**先行研究を調べる**：テーマが決まったら、どんな先行研究があるかを調べます（9章・

10章参照)。自分で調べた後、他にどのような先行研究があるかを聞きに行くのがよいと思います。
③**先行研究で解明されていない事柄は何かを考えて、調査課題を決める**：ブレスト等（11章参照）を行い、調査課題を少なくとも3〜4つくらいに絞ってから相談に行くとよいでしょう。その際、調査課題を絞った理由をまとめておくと、なおよいと思います。
④**調査の詳細を決める**：原案を作ってから相談に行くようにしましょう。
⑤**調査結果のまとめと報告**：調査結果をまとめ、その結果から何が分かるかを考えて、報告に行きましょう。
⑥**考察を行う**：調査結果から分かること、調査結果がどのような意味を持つか、今後どのような調査が必要か、等を考え、ある程度まとまったら相談に行くとよいでしょう。
⑦**執筆開始**：これまでの相談で使用したレジュメをつなぎ合わせ、足りない部分を付け足します。ある程度まとまったら、見てもらうようにしましょう。
※どの段階においても、多少不完全でも相談に行くことが重要と思われます。

■**締め切り・体裁の確認も重要**
　締め切り（日時・曜日）や提出場所をしっかり確認しましょう。また、卒論で指定されている体裁を確認し、教員に相談する際に持って行くレジュメも、その体裁で作成するようにしましょう（このようにすれば、それまでに作成したレジュメを利用して、卒論が執筆できることになります）。

ポイントアドバイス1を読み終わったら、さらに【課題2】と【課題3】に取り組んで下さい。　　　　　　　　　　　　　　　▷ 47ページへ

それでは次に、卒論執筆と就職活動の両立について考えてみましょう。【課題4】と【課題5】に取り組んで下さい。　　　　　　　▷ 48ページへ

ポイントアドバイス2

■**卒論と就活の関係**
　「〇月頃は会社説明会の時期で、時間がないだろうから、その前までに'調査の詳細の決定'までは終わらせておく」等のように、就活等で忙しい時期と、卒論のスケジュールを組み合わせて考えるとよいでしょう。また、就活の面接で大学での専門を問われたとき、しっかり答えられた方がよいのは明らかです。よって、面接前までには、最低でもポイントアドバイス1の①か②の段階に進んでいた方がよいと思われます（少なくとも、全く卒論に

> 手つかずというのはよくないでしょう）。このように、就活と卒論をリンクさせ、「就活の○○までには卒論を○○の段階まで進めておく」と考えるのも有効です。
>
> 　就活の小論文対策は、文章の構成・分かりやすい表現の練習という点等で、卒論の執筆に通じることが多いと言えます。両者をセットで考えて、「就活の小論文対策は卒論にも有効」という意識で勉強すると、モチベーションも上がり、学習効果が高くなります。

では、【課題6】に取り組んで下さい。　　　　　　　　▷ 48ページへ

最後に、卒論のイメージをつかみやすいように、卒論の目次の一例を示します。

> 目次
> 要約（Summary）
> 1章　研究目的と意義、及び結論―就活の面接では何が決め手になるのか―
> 2章　基本的な用語の説明
> 3章　先行研究
> 　3.1. 先行研究の概観
> 　3.2. 伊藤＆上杉（1997）―人と違うことが大切：オンリー1ならナンバー1―
> 　3.3. 大沼＆永原（2000）―お辞儀の角度説：日々の柔軟体操が大切―
> 　3.4. 前田＆吉見（2005）―声の大きさ説：声の大きさと好感度の相関―
> 　3.5. 渡邉（2008）―アルバイト経験説：就活本の調査結果―
> 　3.6. 先行研究の問題点
> 4章　調査概要―採用人事担当者100人にインタビューする―
> 　4.1. 調査対象者の説明
> 　4.2. 調査方法の説明
> 5章　調査結果―「何かに打ち込んだこと」の有無が最終的な決め手―
> 6章　考察―大学のゼミや研究に打ち込むことが、実は一番手堅い―
> 7章　結論と今後の課題
> 引用文献一覧
> 謝辞

※　テーマの探し方や、先行研究の検討の仕方が分からない場合には、『大学生のための日本語表現トレーニング―スキルアップ編―』（三省堂）の62～63ページを参照して下さい。具体的なアドバイスが載っています。

17 口頭表現の基礎を押さえる

Japanese Expressions

印象のよい話し方

　大学生になると、人前で話をする機会が増え、話し方の上手下手が問われる場面が出てきます。「上手な話し方」に唯一の正解があるわけではありませんが、このようにすると聞きやすい、違和感が少ない、といった原則はあります。本章でポイントを確認し、聞き手に受け入れられやすい話し方を身に付けましょう。

　最初に、話す速さについて検討する、【課題1】をしてみましょう。

◉ 取り組んでみよう【課題1】

　以下の〈音読用文章〉（テキスト87ページ、28章自己PR文の〈例2〉と同じです）を、時間を計りながら音読して下さい。読み終わったら、かかった時間を記入して下さい。

▷ 49ページへ

〈音読用文章〉

　　私は、「問題の原因を分析して、粘り強く対策を立てる」という能力に自信があります。そのことを、具体的なエピソードでお話ししたいと思います。
　　私は大学1年生の時から、塾講師のアルバイトをしており、小学生に算数を教えています。私が着任した当初は、算数が苦手な児童が多く、塾長もかなり困っている状況でした。そこで、私は、そのような児童に対して、一人一人、小テストやインタビュー等を行い、それぞれのつまづいている原因を分析していきました。その結果、例えば、ある児童は「小数点を理解できていないため、算数が苦手になった」というようなことが分かってきました。
　　問題の原因が分かった後、私は、一人一人に合った対策を考えました。例えば、先程の小数点を理解できていない児童には、「90÷2」を計算させた後、「9÷2」を計算させる等の工夫をして、小数点という概念を理解させました。私がこのような対策をした結果、算数が苦手な児童は当初38人いた

のですが、8か月後には、全員、算数が好きになり、全員の成績が上がりました。また、このような取り組みから、「指導が丁寧」という評判が立ち、塾生の数が2年間で1.7倍になりました。

　このような、問題を分析して粘り強く対策を立てる能力は、必ず御社の○○という仕事に役に立つと考えております。

ポイントアドバイス1

■多くの場合、「ゆっくり」話した方がよい

　人前で話す際は、日常より、ややゆっくり目に話した方がよい場合が多いようです。人によって、話す速さは異なります。ある程度までは個性として許容の範囲ですが、大体、1分間で300字〜400字ぐらいで話すのが適切だと言われています。【課題1】の文章は約550字ですから、80秒〜110秒の時間で読むのがよいということになります。

　多くの人は日常会話においては、上記の速さより速く話しているため、1分間で300〜400字というのは遅く感じるかもしれません。しかし初対面の人や多人数の人を相手に初めての話題を話す場合には、日常よりはかなりゆっくり話した方がよいとされています。

次に、自分の話し方を他の人にチェックしてもらうために、ナビゲートも参照して【課題2】に取り組んで下さい。

…▶ ナビゲート

□　【課題2】の「手順1」の内容のうち、どれを選ぶかによって話す場面が異なります。それぞれの場面に合った話し方はどのようなものかについても気を付けて下さい。
　　　　　　　　　　　　　　　　　　　　　　　　　▷ 49ページへ

　【課題2】で聞き手役の人にチェックしてもらった結果と、自分の原稿の長さ、計った時間を照合すると、自分にとっての適切な話す速度が分かることになります。速さ以外の点でも、チェックしてもらった点の中で、改善すべき点や、これは大丈夫という点が分かってくるはずです。

ポイントアドバイス2

■**多くの場合、「大きめの声で」「はっきりと」話した方がよい**
　聞き手との距離、会場の大きさ等の条件にもよりますが、少し大きめに声を出す、ということを意識した方がよいでしょう。声が大きすぎて問題になることはまずありません。

■**原稿を見ないで話すためには**
　話す場面・内容にもよりますが、面接・スピーチの際には原稿はほとんど見ないで話すことが望まれます。ポイントだけ書いた小さなメモを別に用意するのも1つの方法です。

■**視線について**
　相手の顔を見続ける必要はありませんが、顔を上げて話すことは心がけましょう。

今度は、ペアを組んだ人にチェックしてもらったことをふまえ、【課題3】をしてみて下さい。
▷ 50ページへ

ポイントアドバイス3

■**緊張対策**
　人前で話す際に緊張するのはある程度仕方ないことで、若干の緊張はあってよいと考えましょう。ただしパニックにならないために、十分な準備をしておきましょう。「完全原稿を必ず書く」「本番通りの状況を作ってリハーサルをやって、誰かに見てもらう」等、十分な準備をしておくと、やるだけのことをやった、という気持ちから一定の落ち着きが生まれます。

■**経験者・専門家のアドバイスを受けよう**
　大学の就職セミナー等で模擬面接のチャンスがあったら是非受けましょう。また、友人や、社会人の先輩等に積極的に見てもらうように機会を増やしましょう。ビデオで自分の話すところを撮ってみるのも参考になります。

18 電話応対のマナーを学ぶ

Japanese Expressions

敬語／伝言メモ

　本章では、電話応対のマナーを学びます。尊敬語・謙譲語といった敬語形式の使い方ばかりでなく、表現の選び方や振る舞い方等にも気を付けながら、社会人として必要となるマナーのポイントを押さえていきましょう。

　まず下記の例を見た後、ナビゲートを参照しながら【課題1】に取り組んでみて下さい。

取り組んでみよう【課題1】

　〈前田さんが文房具店「さつき堂」でアルバイト中、電話がかかってきたが、4・5回鳴っても横山店長の姿が現れないので、前田さんが出た。〉このような状況で行われた、以下の〈例〉のやりとりにおける前田さんの話し方の、よい点、改善すべき点を指摘して下さい。

〈例〉
前田：もしもし。
相手：もしもし。そちら「さつき堂」さんですか？
前田：はい、そうです。ご用件は何でしょうか？
相手：えーと、緑色のホワイトボードマーカーが10本必要なのですが、そちらにありますか？
前田：はい、少し待って下さい。（あるかどうか自分では分からなかったので、横山店長を捜すが見つからない。）さっきまで横山店長がいらっしゃったのですが、今は見つかりません。10分か20分後には在庫が把握できますので、後でもう一度おかけして頂けないでしょうか？
相手：分かりました。では後でかけ直します。
前田：（電話を切る。）

⋯➡ ナビゲート

☐ 電話に出たときの第一声は適切でしょうか。
☐ 人物の呼称等は適切でしょうか。
☐ 尊敬語・謙譲語等の敬語の使い方は正しいでしょうか。
☐ (今回のようなケースで)用件がその場で解決しないとき、相手にかけ直してもらうのと、こちらからかけ直すのと、どちらがよいでしょうか。
☐ 電話を切るときの言葉や切り方は適切でしょうか。　　　▷ 51ページへ

ポイントアドバイス1

■大体3コール以内に電話をとる

できるだけ相手を待たせないよう、大体3コール以内に電話をとるべきだと言われています。それ以上待たせてしまった場合には、「お待たせしました」等の言葉を初めに入れた方がよいようです。

■名乗る

電話を受けたらすぐ、挨拶とともに自分から名乗るのが原則です。名乗り方については、一般的には「○○社(◇◇部)です。」のように所属する会社・組織や部局名を言うか、「○○社◇◇部、前田です。」のように、自分の名前を加えて言うかします。肩書きも言うか等、細部についてはできれば先輩等に聞いて、確認しておいた方がよいでしょう。

なお、自宅・私的な携帯電話の場合は職場とは異なり、いたずら電話対策等のために自分からは名乗らないという方法もあります。

■適切な敬語を使う

敬語の使い方については、原則的には文化審議会答申「敬語の指針」(平成19年)[1]を目安にするとよいでしょう。ただ、「敬語の指針」はかなり大部なもので、一度読めば覚えられるというものではありませんから、日頃から適切な言い方ができるようにトレーニングしておくことが必要です。

■電話の切り方

乱暴な印象を与えないように配慮して下さい。「ありがとうございました。」等の終わりの挨拶をして、できれば、先に相手に切ってもらうのがよいでしょう。自分で切る場合でも、挨拶が終わってから若干間をおいて切ります。受話器の置き方等も、乱暴にならないように気を付けましょう。

では【課題1】の解答や、ポイントアドバイス1もふまえ、【課題2】に取り組んで下さい。
▷ 51ページへ

その場で終わらない用件についてはメモをとります。電話を受けながら伝言メモをとる、【課題3】に挑戦してみましょう。
▷ 52ページへ

ポイントアドバイス2

■電話をかける際の冒頭のやりとり

挨拶し名乗ったら、「ご相談したいこと（お伺いしたいこと・お話ししたいこと…）があるのですが、今お時間よろしいでしょうか？」のように、相手の都合を聞きましょう。

用件に見合った通話時間をとってもらえないような場合は、「それでは後ほどまたお電話させて頂きたいのですが、いつ頃がよろしいでしょうか？」などと、可能な範囲でアポイントメントをとります。

■電話中のメモについて

用件についてはメモをとりましょう。固有名詞や日時等、重要な部分については復唱し、確認をとります。伝言メモの場合は、5W1H（4章15ページ、ポイントアドバイス参照）のほか、メモの宛先、電話を受けてメモを書いた人、メモを書いた年月日・時間も記します。

電話をかける側の練習も含め、【課題4】にも挑戦してみましょう。
▷ 52ページへ

＊1 「敬語の指針」は下記文化庁webページで見ることができます。
http://www.bunka.go.jp/bunkashingikai/soukai/pdf/keigo_tousin.pdf

19 アンケートをとる

Japanese Expressions

意向調査の方法

この章では、アンケートのとり方について学びます。アンケートには大別して意向調査型（何かを決めるときに意見を求める）と実態調査型（過去や現在の状況について調べる）とがありますが、ここでは前者を例にして、目的にかなったアンケートをとるにはどのような点に注意すべきかを考えます。

アンケート用紙は通常、「お願い文」「フェイスシート」「設問」からできています。まずは、「設問」から考えてみましょう。ナビゲート1を参考にして、【課題1】に取り組んで下さい。

◉ 取り組んでみよう【課題1】

トレーニングシート53ページの設定における、聞くべきアンケート項目の候補を挙げてみて下さい。

⋯➤ ナビゲート1

☐ コピー機購入の是非を判断するには、どのような情報が必要でしょうか。できるだけ多く挙げて下さい。
☐ 「○○という条件でなら買ってもいいと思いますか」という質問を考えた場合、「○○」にはどのような項目があり得るか、できるだけ多く考えてみましょう。
☐ 質問には選択式の質問と自由記述式の質問があります。両方の質問項目を考えてみましょう。　　　　　　　　　　　　　　　　　▷ 53ページへ

続いて、これらの質問項目を、実際のアンケート用紙上の文章として整理して書いてみましょう。【課題2】に取り組んで下さい。　　　▷ 53ページへ

> ## ポイントアドバイス1
>
> ■選択肢は重なりなく網羅的に
> 　選択式の設問を作る場合には、「賛成／反対／その他」とか「1万円未満／1万円以上2万円未満／2万円以上3万円未満／3万円以上」のように、可能な限り「重なりなく網羅的に」作る必要があります。このことは、2章9ページのポイントアドバイスにも解説がありますので参照して下さい。
>
> ■設問の枝分かれについて
> 　見たことのある人も多いと思いますが、設問に枝分かれが必要になることがあります。例えば、
> 　　質問1　あなたは「…」に賛成ですか？　a賛成　b反対　cその他
> 　　　　　　質問1で「a賛成」と答えた方は質問2に、「b反対」と答えた方は質問3に、「cその他」と答えた方は、質問4にお進み下さい。
> 　　質問2　質問1で「a賛成」と答えた方にお伺いします。購入するとすれば………？
> 　　………
> のような形になります。今回の課題でもこの形を利用する場面があるかもしれません。

　次に、「お願い文」を書いてみます。お願い文というのは、通常アンケートの冒頭に書かれる、アンケートの趣旨等を説明する文章です。サークルの仲間という親しい相手であっても、アンケートの趣旨をきちんと説明し、協力してもらうためには、やはりお願い文が必要です。ナビゲート2を参考にして、【課題3】でお願い文を書いてみましょう。

⋯➡ ナビゲート2

☐　「お願い文」の中には以下の4つを必ず入れて下さい（自分のアイディアでこれ以外のものを入れるのは構いません）。
　　　a　アンケートをとる事情（必要に応じ自己紹介を含む）
　　　b　「お願いします」という趣旨の文章
　　　c　「回答者の個人情報に配慮します」という趣旨の宣言
　　　d　問い合わせ先　　　　　　　　　　　　　　▷ 54ページへ

【課題3】が終わったら、フェイスシートを考えます。フェイスシートというのは回答者の属性、例えば、性別・学年・所属するグループ（今回の設定で言えばサークル名）等を聞く文章です。回答者の属性と回答との間にどのような相関があるかを見ることによって、意志決定の進め方の参考になる場合があります（例えば、購入に賛成の人が特定のサークルや学年に集中しているようなことがあれば、議論の進め方も変わってくるでしょう）。今回のアンケートの趣旨では、どのような属性が関係する可能性があるでしょうか。フェイスシートを【課題4】で書いてみて下さい。
⇨ 54ページへ

　以上でアンケート用紙の3大要素が揃ったことになります。順番としては、「お願い文」→「設問」→「フェイスシート」か、「お願い文」→「フェイスシート」→「設問」の順になるのが普通です。ここまで書いたそれぞれの文章をこれらの順に並べ、必要があればつなぎの文章等を入れ、最後に、「ご協力ありがとうございました」という趣旨の文章を入れれば、アンケート用紙の完成版ができあがります。
　最後に【課題5】に挑戦して下さい。
⇨ 54ページへ

ポイントアドバイス2

■「アイディア募集」と「原案への反応伺い」
　意向調査型アンケートには「アイディアを募集する」という面と、「出された案に対して意見を聞く」という面との、2つの側面があります。例えば「学園祭の出店には、どのような店を出したいか」というのは前者、「学園祭の出店に、クレープ屋をやりたいという案に賛成か反対か」というのは後者に当たります（中間的な設問もあり得ます）。状況・項目に応じ使い分けたり組み合わせたりすることが必要です。

20 段取りを考えて連絡する

Japanese Expressions

連絡係の仕事

本章では、連絡の仕事について学びます。連絡事項が適切にやりとりされるには、連絡網作成等の準備作業や、やりとりの日程を勘案した段取りの配慮等も重要です。適切なタイミングで確実に連絡し、返事を受け取る方法を、具体的な例を通して身に付けていきましょう。

自分が連絡係を受け持った場合について考えてみます。ナビゲート1を参照しながら、【課題1】に取り組んで下さい。

◖◗ 取り組んでみよう【課題1】

〈自分は大学の新2年生。写真同好会に所属しているが、今年連絡係を担当することになった。連絡網作成のため、新入会員に各自の連絡先を、配布した用紙に記入してもらいたい。〉という設定で、その際の記入用紙を作成して下さい（示された条件以外は自由に設定して下さい）。

⋯➡ ナビゲート1

☐ 連絡先の種類（メールアドレス・住所・電話番号…）として、何種類ぐらい聞いておくのがよいでしょうか。
☐ 連絡先は個人情報なので、取り扱いに配慮が必要です。どのような配慮が必要でしょうか。　　　　　　　　　　　　　　　　　▷ 55ページへ

【課題1】が終わったら、次の〈例〉を参考にしてチェックしてみて下さい。

〈例〉

写真同好会新入会員の皆さんへ

　　　　　　　　　　　　　　　　写真同好会連絡係　〇〇　〇〇

このたびは入会おめでとうございます。みんなで楽しく有意義な活動をしていきましょう。
　早速ですが、連絡網用の皆さんの連絡先を教えて下さい。日常的な連絡先としてメール、急ぎの連絡先として携帯電話を考えています。それ以外の連絡先を使いたい方は、その旨備考欄に記入して下さい。

学部・氏名（ふりがな）
　　　　　・　　　　　　　　　（　　　　　　　　　）

日常連絡先（メール等）

急ぎの連絡先（携帯電話等）

備考

＊頂いた連絡先は、連絡網として写真同好会メンバーに伝えますが、それ以外に公開することはありません。連絡網を受け取ったメンバーは、各自個人情報としての取り扱いに注意して下さい。
＊この件についての問い合わせ先は次の通りです。○○○○○○○○○

　メールアドレスについては、連絡網を作成した後、連絡網のアドレス表記に誤りがないか確認するためのメールを、一度全員に送った方がよいでしょう。アドレス確認メールについての【課題2】に取り組んで下さい。メール作成・送信の全般的な注意事項については、23章も参照して下さい。　　　▷ 55ページへ

　連絡網が完成したら、次に、行事案内の連絡を送ります。ナビゲート2を参照しながら、【課題3】に取り組んで下さい。

⋯➡ ナビゲート2

☐　会員が撮影会に参加するために（あるいは参加の可・不可を判断するために）必要な情報は何でしょうか。5Ｗ1Ｈ（4章15ページ参照）も活用しながらチェックしてみて下さい。
☐　設定された条件の元では、返信の締め切りは、いつ頃に設定するのがよいで

第20章　段取りを考えて連絡する　　63

しょうか。　　　　　　　　　　　　　　　　　　　▷ 56ページへ

ポイントアドバイス

■重要な用件の場合は着信確認をもらう

「集合場所の変更を通知する」等、用件自体は必ずしも回答を必要としないというケースがあります。その場合でも、重要な用件の場合には可能な限り着信確認の返信をもらいましょう。例えばメールの場合、サーバー不調等のトラブルが皆無ではないし、直接会うか電話でない限り、送った連絡が不着になる確率は０％ではないからです。

■連絡の日程は余裕を持って

トラブルが起こる可能性等を考慮して、連絡の日程には余裕を持たせましょう。例えば、ある日までに参加人数を確定させたい場合、出欠の意思表示のための返信メールの締め切りは、人数を確定させたい日の直前ではよくありません。締め切り日になっても返信をくれない人が生じた場合への対応等のため、少し早めの締め切りを設定した方が安全ということになります。

■問い合わせ先の明記を

仕事の量が増えてくると、連絡を送る係と、質問に答える係とが同じ人でなくなることも増えてきます（社会人になるとこのようなことは頻繁に起こります）。確認の意味も含め、「このメール（この件）についての問い合わせは…」のように、問い合わせ先のアドレスを（メール以外の問い合わせを受け付ける場合はその方法も）明記した方がよいでしょう。

■リマインダー（reminder）の活用

連絡をした日時から、締め切りや集合日時までの間隔が大きい場合は、日時が近付いてきたときに、確認・注意喚起のために「リマインダー」を送るとよいでしょう（「リマインダー」とは「思い出させるもの」という意味）。メールでリマインダーを送る際は、例えば件名は「〇〇〇〇（前回送ったメールと同じ件名）＜reminder＞」、本文は冒頭に「〇年〇月〇日にメールでご連絡した件ですが、確認のためリマインダーとして以下に再送します。」と付記して、前回のメール本文を付けて送る等します。

21 奨学金を申請する

Japanese Expressions

学業への意欲をアピール

　本章では、奨学金の申請書類を書く練習をします。課題の中心となる「経済事情を説明する」「自分の能力・意欲をアピールする」という作業は、企画申請や就職等、各種の応募にも応用可能なスキルなので、奨学金や授業料免除等に応募する予定のない人にとっても有益な作業になるでしょう。

　奨学金とは、「能力・意欲が高く」「経済的に困難がある」学生に対する援助のためのお金です（奨学金の種類によっては、経済的な困難があるかどうかは不問である場合もあります）。援助の形には、有利子で貸与するもの、無利子で貸与するもの、給付するもの、等の種類があります。

　奨学金を受けようとする場合、まずは規定・要項・手引き等と呼ばれる説明書きをよく読み、自分がその奨学金を受ける資格を満たしているかどうか等を確認します。資格を満たしていることが分かれば、次に用紙に記入したり証明書を集めたりして、書類を整えます。用紙に記入する場合、いきなり書き込むのではなく、コピーをとって下書きから始めた方がよいでしょう。申請用紙に記入する練習として、ナビゲート1も参考にして、【課題1】をしてみて下さい。

◉ 取り組んでみよう【課題1】

〈自分は○○大学1年生。入学後でも申請できる奨学金制度があり、所得条件等も満たしていたので申請することにした。〉この設定で、奨学金申請書類（の一部分）に、必要なことがらを記入して下さい。

…▶ ナビゲート1

□　自分の知識だけで書けるところと、調べないと正確に書けないところ、家族等に聞いた方がよいところを区別しましょう。

▷ 57ページへ

奨学金申請書には多くの場合、証明書等を添付することになります。また、指導教員に面接してもらい、所定欄に所見を記入してもらわないといけない場合もあります。段取りについて考える【課題2】に取り組んでみて下さい。

▷ 57ページへ

ポイントアドバイス1

■提出前にコピーをとる
　全ての記入が済み、添付書類が揃ったら、開封禁止のものを除き、提出前にコピーをとりましょう。次回以降に類似の申請をするとき役に立ちます。

　文章で書き込む部分は、多くの場合、「(家庭の) 経済事情を説明する部分」か「自分の能力・意欲をアピールする部分」です（両方の場合もあります。用紙をよく見て確かめましょう）。

　「(家庭の) 経済事情を説明する部分」については、根拠となる書類の提示が求められている場合が多いので、書類の記載内容と合った内容の文章を書く必要があります。

　「自分の能力・意欲をアピールする部分」については、与えられた分量によりますが、十分な量がある場合、次のように考えて下さい。まず能力については、現時点までの学校での成績表・成績証明書等に基づき、自分の能力をアピールして下さい。英検等、明確に証明することのできる資格があればそれもアピールします。アピールする部分が少ないと思う場合でも、「病気理由以外の遅刻が全くない」等、できるだけ具体的に書く方がよいでしょう。

　「意欲」については、「将来〇〇という職業に就きたいので、そのため〇〇等について勉強したい（勉強し始めている）」ということを中心に書くのが普通です。その際、「奨学金を得て勉強したことを生かして、将来は〇〇という形で社会に貢献したい」という気持ちを表現できると一層好ましいと思います。

　実際の記述欄は奨学金の種類によって多種多様です。まずは多めの内容を用意して、必要に応じて削っていく形で書いていくとよいでしょう。ナビゲート2も参考に、【課題3】に取り組んで下さい。

⋯▶ ナビゲート 2

☐ 経済事情の説明のうち、証明書類（源泉徴収票・確定申告書の写し等）を提出する場合は、所得についての説明等は、不要となる場合が多いようです。例外的に、提出した書類の時期より後に収入が大きく減少した場合等はその旨説明した方がよいでしょう（その場合もそれを証明する書類を求められる場合があります）。

☐ 支出については、説明をよく読んで、証明書類が必要な場合とそうでない場合を区別して、それぞれの状況に合わせて書いて下さい。

☐ 能力・意欲についても、証拠となる書類等が要求されていることがらか、（要求はされていないが）証明できる書類があることがらか、について確認しながらアピールの仕方を考えて下さい。意欲（将来への抱負等）については証明書類がないのが普通ですから、自分の希望進路や、社会に貢献する方法等を具体的に書いて下さい。

▷ 58ページへ

ポイントアドバイス 2

■その奨学金の性質を見定める

　それぞれの奨学金申請書類には、その奨学金が、どのような学生を奨学生として考えているか、あるいは望んでいるか（経済的な困難の緩和が中心なのか、経済面より能力・意欲重視なのか）がある程度示されている場合があります。関係書類やwebページをよく読んでみましょう。

■奨学金についての情報

　日本における奨学金としては、日本学生支援機構（JASSO）によるものが最も有名です。JASSOのHP（http://www.jasso.go.jp/）に掲載されている各種記事を見るのは有益です。奨学金全般についての知識は、笠木2007（参考文献欄を参照）等の書籍や、HP「奨学金ガイド」（http://www.syougakukin.net/）等からも得ることができます。海外留学関係の奨学金については、上記JASSOのHPのほか、各種留学関係雑誌、留学支援HPにも情報が掲載されています。

　また、大学の事務にも多数の奨学金情報がストックされているので、こまめに訪れて情報収集をするとよいでしょう。

第21章　奨学金を申請する

22 逆算して計画を立てる

Japanese Expressions

就職活動／大学院受験のスケジュール

　本章では計画の立て方について学びます。具体的には就職活動や大学院受験のスケジュールを通して、逆算して考える練習をします。長期的な計画であれ、短期的な計画であれ、何事も逆算して考えることが大切です（16章も参照のこと）。

◉ 取り組んでみよう【課題１】

　以下に示すものは、就職活動・大学院受験の流れの一例です。これをもとに、どの時期にどのような準備や対策を始めるべきか、計画を考えましょう。

〈就活〉 ３年次〜　　　　　　　　　　　　　　　　　　　　　　４年次〜

〜９月	10月〜１月	２月	３月	４月・５月・６月〜
・就職ガイダンスが始まる	・就職サイトがオープンする ・各社の採用情報が明確になる ・冬季インターンシップがある ・インターネット等を使用したプレエントリーがある	・合同／個別の会社説明会 ・エントリーシートや履歴書の提出	・筆記試験 ・面接試験	・最終面接試験 ・内定 ・秋採用の検討

〈大学院受験〉 ４年次

〜９月・10月・11月	１月・２月
推薦入試／Ⅰ期入試（筆記・面接）	Ⅱ期入試（筆記・面接）

▷ 59ページへ

ポイントアドバイス１

■逆算して考えることが大切
　計画を立てる時には、逆算して考えることが非常に大切です。
■就職活動や大学院受験の場合、するべきことはある程度決まっている
　大まかに言えば、以下のものでしょう（詳しくは就職関係の本を参考にし

て下さい[*1]）。
就職活動：自分の特徴ややりたい仕事について考える（自己分析）／就職活動がどのようなものであるかを学び、基本的な就活マナー等について勉強する／どのような仕事があって、どの会社がよいか考える（企業研究）／エントリーシートの書き方を学ぶ／筆記試験の傾向を分析し対策を立てる／面接試験の傾向を分析し対策を立てる、等
大学院受験：指導教員に相談する／大学院について調べる（入試制度や奨学金制度、取得できる資格、雰囲気や環境等）／大学院入試の過去問題を集める／過去問題を分析し対策を立てる、等

ポイントアドバイス1を読み終わったら、【課題2】に取り組んで下さい。
▷ 59ページへ

では、「逆算する」ことについて、もう少し具体的に学んでいきましょう。ナビゲート1を参照して【課題3】に取り組んで下さい。

⋯➜ ナビゲート1

☐ 病気になる、怪我をする等のこともあるので、やや余裕をもって準備・対策期間を考えるようにしましょう。
▷ 59ページへ

ポイントアドバイス2

■**先達に学ぶ**
準備・対策期間の見積もりを間違えてしまうと、計画は上手くいきません。先輩から話を聞く、本を読む等して、より正確な見積もりをしましょう。

では、「逆算して計画を立てる」の総仕上げです。ナビゲート2を参照して、【課題4】に取り組んで下さい。

⋯➜ ナビゲート2

☐ 逆算をするときには、「〇〇年〇〇月〇〇日に〜をする」というように、「行

動する日をいつにするか」というレベルまで逆算するようにしましょう。例えば、「3年次の4月29日は大型書店で就活関係の本を購入する」「3年次の5月11日には××大学大学院の過去問を集める」等のようにです（日程は仮で構いません）。このように考えることで、どの時期に何が必要になってくるかがより明確に分かってきます。

☐　どうしても具体的な日程を決められない場合は、「3年次の4月29日に、もう一度、○○のスケジュールについて検討する」等のように、「いつ具体的に考えるか」ということを決めておくとよいでしょう。

☐　具体的な日程を決めると、そのために必要なことが新たに分かってくると思います。例えば、「3年次の4月29日は大型書店で就活関係の本を購入する」のであれば、それ以前に、どのような本がよいかという情報を調べておいた方がよいでしょう。そうすると、「3年次の4月○日にはインターネットで評判の就活関係の本をチェックする」等の具体的な行動を新たに考えることができます。このように新たに必要だと思ったことも書いてみましょう。

▷ 60ページへ

ポイントアドバイス3

■早め早めに前倒しで行動する

　計画通りにいかない人は、「この行動を、まだする必要はない（締切はもっと先だ）」と考えています。そのため常に行動がギリギリになってしまい、ちょっとしたトラブルが発生すると、途端に上手くいかなくなってしまうのです。逆に、計画通りにできる人は、「この行動を、'今'行ってはいけない理由があるか」と考えています。そして「'今'行ってはいけない理由がない」と判断した場合、通常から見て早い時期であっても、前倒しで行動に移ります（例えば、3年生の4月の段階で、大学院入試に必要な過去問を集め、分析して対策を立てたりしています）。このように前倒しで行動していれば、不測の事態にも対応できるので、計画通りに物事が運ぶようになります。できる人は、「計画よりも早く終わるのはよいこと」であると考え、前倒しの行動をしているのです。

＊1　『就職活動ナビゲーション』（日経HR）等が分かりやすいでしょう。

23 メールを書く

Japanese Expressions

お伺い／依頼

　本章では、お伺いや依頼等、丁寧さを必要とするメールについて学びます。大学に入ると、友人以外にもメールを送る機会が増えると思います。本章の課題に取り組み、メールのマナーを身に付けましょう。

　まず、携帯からお伺いのメールを送る場合について考えてみましょう。【課題1】に取り組んで下さい。

● 取り組んでみよう【課題1】

　〈生命科学Ⅰのレポートの提出日当日に、通学電車が事故で止まってしまい、レポート提出締切時刻に間に合いそうもないため、授業の担当教員に、電車の中から携帯でメールを送る〉という設定でメールを送る場合、どのようなメールが望ましいでしょうか。望ましいと思うメールを作成して下さい（示された情報以外は自由に設定して下さい）。

▷ 61ページへ

　【課題1】が終わったら、次の例を見て下さい。

件名：生命科学Ⅰレポート（国文科2年明解三郎）
宛名：神奈川先生
日時：2009年○月○日○時○分

神奈川次郎先生

生命科学Ⅰを受講している国文科2年の明解三郎です。
移動中のため携帯からのメールで失礼いたします。
本日○月○日（○）○時締切の生命科学Ⅰレポート提出のため○○線に乗って大学に向かっていたところ、列車事故のため、締切の○時に30分ほど遅

第23章　メールを書く　71

れてしまいそうです。
　締切に遅れることにかわりないことは承知しておりますが、先生のご指示を仰ぐことができればと思い、メールをいたしました。
　勝手なことでご迷惑をおかけし申し訳ございませんが、可能であれば、このメールアドレス宛にご指示をいただきたく、何卒よろしくお願い申し上げます。

　明解三郎

ナビゲート1を参照しながら、【課題2】に取り組んでみましょう。

ナビゲート1

☐　メールを受け取った人は、誰からのメールか、あるいは自分に関係のあるメールかどうかを、どこで判断できるでしょうか。
☐　お願いをするために伝えなければならない情報は過不足なく盛り込まれているでしょうか。
☐　お願いをするためには相手に対してどのような配慮が必要でしょうか。

▷ 61ページへ

今度は、PCからお伺いや依頼のメールを送る場合について考えてみましょう。ナビゲート2を参照しながら、【課題3】に取り組んで下さい。

ナビゲート2

☐　伝えるべき内容が複数ある場合、どのような工夫をする必要があるでしょうか。

▷ 62ページへ

ポイントアドバイス

■携帯メールとPCメール

　社会人になると、PCでメールのやりとりを行う機会も増えてきます。学生のうちは携帯メールに親しんでいるかと思いますが、公的なメールや教員

等に送るメールの場合は、緊急の場合を除いて、今のうちからできるだけPCメールを使用するとよいと思います。やむを得ず携帯から公的なメールを送る際には、表現等に注意しましょう。大学で学生用メールアドレスが配布される場合は積極的に利用し、PCメールもこまめにチェックするとよいでしょう。

　また、メールを送る際は、機種特有の文字や記号を使用すると、文字化けを起こす可能性があるので、注意しましょう。

■複数の人に一斉にメールを送る場合

　複数の人に一斉にメールを送る場合には、個人情報に配慮しましょう。電子メールソフトに見られる「TO/CC/BCC」を使い分けることで、相手に配慮したメールを送ることができます。

　TO（宛先）：メールを送る相手のメールアドレスを記入します。複数の人に同等にメールを送信したい場合には、この欄に送りたい人全員のメールアドレスを入れます。TOにメールアドレスを入れると、受け取った人全員が、そのメールアドレスを見ることができます。

　CC：「Carbon Copy」の略で、参考までに内容を伝えておきたい人のメールアドレスを入れます。例えば、仕事で取引先にメールを送る際、その仕事に多くの人が関わっている場合は、TOに取引先のメールアドレスを入れ、CCに上司など関係者のメールアドレスを入れると、進行状況が共有され、スムーズに仕事を行うことができます。CCに入れたメールアドレスも、受け取った人全員が見ることができます。

　BCC：「Blind Carbon Copy」の略で、BCCに入れたメールアドレスは、メールを受け取った人に公開されることはありません。よって、メールの送り先の人たちが知り合い同士ではない場合等に使います。送り先全員をBCCに入れる場合が多いと思いますが、その際は、自分のメールアドレスをTOに入れます。

■添付ファイルを送る場合

　添付ファイルを送る場合は、ファイルの形式に注意しましょう。同じソフトでもバージョンが異なると開けない場合もありますので、送り先でその形式のファイルが開けるかどうか確認してから送るとよいと思います。また、あまり容量が大きくなってしまうと、受信に時間がかかる等の問題が生じる可能性があります。

24 手紙を書く1

Japanese Expressions

書式の基本

　この章では手紙の基本ルールを、比較的短い手紙を例として学びます（長い、複雑な内容の手紙は25章で扱います）。手紙の書き方は相手や用件によって様々ですが、多くの手紙に共通する基本ルールがあります。社会人になったときに必要な手紙のマナーを身に付けておきましょう。

　まずは、手紙の標準的な書式を練習するために、ナビゲートを参照しながら、【課題1】に取り組んで下さい（現時点での知識を確認する意味も含めて、サンプル等は見ないで書いて下さい）。

◉ 取り組んでみよう【課題1】

〈目上の親戚から大学入学祝いのプレゼントをもらったので、お礼の手紙を書く〉という設定で、手紙の文面を書いて下さい。

…▶ ナビゲート

☐　手紙の大まかな構成は、「頭語→時候等の挨拶→本題→終わりの挨拶→結語→日付→自分の氏名→相手の氏名」の順です。原則この順で書いて下さい（用語の詳細については【課題1】を終えてから説明します。現時点で分からないところは飛ばして構いません）。

▷ 63ページへ

　【課題1】が終わったら、必要な項目やレイアウトについて、以下の説明や例を見てチェックしてみて下さい。
〇頭語：丁寧な手紙には頭語が必要です。頭語の語彙は元来多数ありますが、現在日常的にはわずかしか使われておらず、基本としてはまずは「拝啓」と、もらった手紙に返信する場合の「拝復」だけ覚えましょう（頭語と結語は指定さ

れた組み合わせがあり、頭語が「拝啓」「拝復」の場合は結語は原則「敬具」）。
〇時候等の挨拶：〈例A〉のようなものでよいですが、当然ながら手紙を書いている季節に合った挨拶を書く必要があります。「残暑の候、益々お元気でご活躍のことと存じます」というような定型的な文言を使うこともあります[*1]。

　また、最近会ったばかりの人に対しては、時候の挨拶の代わりに、会った後の気候の変化を書くとか、時候のことでなくても何らかの挨拶の文言（「先日はお元気な姿を拝見でき、大変うれしく存じました」等）を入れることがあります。
〇終わりの挨拶：用件だけで終わることなく、何らかの挨拶の文言を書く必要があります。「今後とも宜しくお願いいたします」「季節柄ご自愛下さい」「益々のご多幸をお祈り申し上げます」等の文言がよく見られます。
〇結語以降の要素：頭語が「拝啓」であれば、結語は「敬具」が普通です。その後には日付を入れます。その後自分の氏名を書き、最後に相手の氏名を敬称付きで書きます。

　レイアウトについては、以下の〈例A〉〜〈例C〉を見て下さい。

〈例A〉頭語と時候の挨拶との位置関係

ア　拝啓　初夏も近付き、汗ばむような日も増えてまいりましたが、○○様にはいかがお過ごしでしょうか。……

イ　拝啓
　　初夏も近付き、汗ばむような日も増えてまいりましたが、○○様にはいかがお過ごしでしょうか。……

〈例B〉終わりの挨拶と結語との位置関係

ア　……益々のご健勝とご多幸をお祈り申し上げます。　敬具

イ　……益々のご健勝とご多幸をお祈り申し上げます。
　　　　　　　　　　敬具

第24章　手紙を書く1　75

〈例C〉 全体のレイアウト

拝啓　初夏も近付き、汗ばむような日も増えてまいりましたが、○○様にはいかがお過ごしでしょうか。
　このたびはすばらしい万年筆をお送り下さり、誠に有難うございました。
………………………………………………。
　天候の変わりやすい季節ですのでなにとぞご自愛下さい。○○様の益々のご多幸をお祈り申し上げます。
　　　　　　　　　　　　　　　　　敬具

平成○○年　○月○日

栗原　聖　様

　　　　　　　　　　　　斉藤　正美

　頭語・結語の位置についてはある程度の幅があるようですが、多くは〈例A〉〈例B〉のア・イのいずれかになっているようです。〈例C〉の全体のレイアウトについて、特に守らなければいけないのは、「相手の氏名は高い位置に、自分の名前は低い位置に」という点です。これを間違えると、単にルールを知らないということではなく、無礼をはたらくことになってしまうので注意しましょう。横書きの場合には、相手の氏名を末尾に書くと一番低い位置になってしまうので、順序を変えて手紙の冒頭に書きます（但し目上の人に書くような丁寧な手紙は、事務的に横書きと決まっているような場合を除き、縦書きを採用するのが原則）。

　以上のように手紙の書式・レイアウトを確認した上で、【課題1】の手紙を書き直す、【課題2】に取り組んで下さい。

▷ 64ページへ

　また、時間がある人は、内容の異なる手紙を書く、【課題3】にも挑戦してみて下さい。

▷ 65ページへ

＊1　定型的な挨拶の文例等については、三省堂編修所編『すぐに役立つ　日本語活用ブック』に詳細な情報があります。

25 手紙を書く2

Japanese Expressions

目上の相手に書く依頼の手紙

　この章では「面識のない人に、依頼の手紙を書く」という作業をします。体裁を含め基礎的な部分での礼儀を守ることに加え、依頼の趣旨とこちらの「お願いしたい」という熱意を伝える方法等を考えてみましょう。

　この章では、以下の設定で考えていきます。

〈設定〉

- ・自分が在籍している大学の学園祭で、人を招いて講演会を開きたいという話になり、自分が交渉の仕事を受け持つことになった。まず、依頼する相手（講演候補者）を決め、次にその相手に依頼の手紙を書かなければならない。
- ・依頼の相手は自分とは面識のない、目上の人とすること。有名人でもよいし、そうでなくてもよい。ただし、架空の人物や故人は不可。

　この〈設定〉を見ると、礼儀にも注意し、要件も漏らさず、誠意も伝えなければならないという、かなり丁寧な手紙を書かなければならないことが分かります。
　まずは、ナビゲート1を参照しながら、【課題1】の1-1、1-2に取り組んで下さい。

◉ 取り組んでみよう【課題1】

1-1　上記の〈設定〉のもと、誰に頼んでみたいか、候補者を考えて下さい。
1-2　手紙の読み手（候補者）が諾否を検討するときに必要な情報はどのようなものか、上記の記述も参考にしながら挙げて下さい。

⇒ ナビゲート1

- [ ] 後で手紙の内容が書きやすいように、依頼の相手（候補者）は、自分が本当に話を聞いてみたい人にして下さい。
- [ ] 自分が依頼を受ける側だったとしたらどのようなことを考えるか、どのようなことをポイントにして諾否を判断・検討するか、イメージしてみて下さい。

▷ 67ページへ

【課題1】 1-2について、自分が依頼を受ける側だったら、どのようなことを知りたいでしょうか。相手の熱意や誠意があるかどうかはもちろんですが、それ以外にも知りたいこと、確認したいことがいろいろあるはずです。依頼を打診された側にとって、原則的には情報は多いほどよいはずですので、できるだけたくさん考え、手紙の中に情報を盛り込むようにしましょう。ただし今回の手紙では、講演料については書かないこととします[1]。

次に、依頼における自分の熱意・誠意を伝える部分の文章を考えます。今回の設定は講演依頼という、かなり重要な依頼内容ですから、丁寧であるだけでなく、依頼にかける意気込み・熱意等を十分に伝える努力をすべきです。ナビゲート2も参照しながら、【課題2】をして下さい。

⇒ ナビゲート2

- [ ] 「是非」「どうしても」というような、強い熱意を示す言葉を入れるのも1つの方法です。可能であればそのような書き方をしてみて下さい。
- [ ] 「なぜその人に頼みたいのか」「どういう話を聞きたいのか」「その人（の話）にどういう魅力や値打ちがあると思っているのか」等を書く必要があります。それらについて気持ちを込めて詳しく書くようにしましょう。
- [ ] 【課題1】1-1の依頼したい人物の選定が（自分にとって）適切でなかったという場合は、【課題2】が書きやすくなるような人物を選び直して下さい。

▷ 67ページへ

以上が終わったら、これまで見たことをふまえ、ナビゲート3も参照しながら、【課題3】として今回の依頼の手紙全文を書いてみましょう（書式等については、24章も確認して書いて下さい）。

⋯➡ ナビゲート3

- [ ] 自分の肩書きについて書く必要があると感じた場合は、例えば「○○大学学園祭講演会実行委員代表」などとしましょう。また、肩書きの有無にかかわらず、面識のない人に書く手紙ですから、冒頭に近いところで自己紹介をして下さい。
- [ ] 自己紹介を含めた挨拶の後に、本題に入って下さい。本題は、「お願いします」という希望・熱意を示す部分と、参考になる情報の部分とに分けて書きましょう。
- [ ] 回答については、最も一般的な、手紙で返信をもらう形を想定して下さい。また、回答方法の指定とは別に、こちら側の連絡先については、できる限り情報量を多くして、住所以外に、電話番号やメールアドレス等も示しておきましょう。
- [ ] 回答期限の提示には、失礼にならないように書き方に工夫が要ります。できるかぎり「締め切り」「期限」等の語は使わないような言い方を工夫しましょう。
- [ ] 丁寧さを要する手紙では、必要事項だけ書いて終わり、という書き方は適切でありません。末尾に何か挨拶等の言葉を添えましょう（例えば、「○○の折からご自愛下さいませ」「○○様の益々のご健勝をお祈り申し上げます」等の文言）。

▷ 68ページへ

ポイントアドバイス

■回答方法について

手紙で返信をもらおうとする場合、相手にできる限り負担をかけないようにするため、宛先（こちら側の郵便番号・住所・氏名（「○○○○行」と書く））を記入し、必要料金分の切手を貼った返信用封筒を同封します。なお、期限までに返信がない場合、電話・メール等で問い合わせをする、というようなことはあり得ます。

---

*1 今回のような設定の場合、「依頼の最初の段階で金銭の話をするのは失礼に当たる。まずは講演料の話はしないで、相手が前向きに考えてくれてから講演料の話に入るべき。」という考え方と、「諾否の検討条件に講演料の金額も入るべきだから、最初に情報の1つとして金額の提示もすべき。」という考え方があります。ケースバイケースということになりますが、今回の設定では前者の考え方をとっています。

26 上手なインタビューをする

Japanese Expressions

OBOG訪問で失敗しない方法

　上手なインタビューをするには、あらかじめいくつかのポイントを押さえて臨む必要があります。この章では、主に就職活動でOBOG訪問をする場合を念頭におき、インタビューの仕方を学びます。

　OBOG訪問でのインタビューは、全てのインタビューに必要なポイントを含んでいるので、この章ではOBOG訪問に絞って話を進めます。
　OBOG訪問は、企業研究の一環であり、職場とあなたの相性を考えるための重要なインタビューです。また、「OBOG訪問は就活の面接の一種である（こちらをチェックしている）」のも事実です。しかし、過剰に心配する必要はありません。きちんとした段取りをつけて、しっかりしたインタビューをすれば、それだけで十分な情報と評価を得られるものです。

◖◗ 取り組んでみよう【課題1】

　OBOG訪問をするとします。あなたは企業で働いている先輩（自分と同性）にどのようなことを聞いてみたいですか。具体的なこと、抽象的なこと、失礼な質問で実際には聞けないこと、何でもよいので、できるだけ挙げて下さい。

▷ 69ページへ

　【課題1】ができた人は、【課題2】に取り組んでみましょう。

▷ 69ページへ

ポイントアドバイス

■インタビューは事前の調査が大切
　インタビューをする際に一番大切なことは、事前の調査をしっかり行い、

質問するポイントを絞ることです。時間を割いてもらっているわけですから、「その人に聞かなければ分からないこと」に質問内容を絞るべきでしょう。OBOG訪問で言えば、当該の会社やライバル社等の各種ホームページ、パンフレット、『日経会社情報』（日本経済新聞社）、『就職四季報』（東洋経済新報社）、『就職四季報女子版』（同前）、『役員四季報』（同前）、『就職ジャーナル』（リクルート）や『就職ウォーカー』（ジェイ・ブロード）等の就活関係雑誌、日本経済新聞等の新聞類、特定の業界の研究をしている雑誌や本等を読むだけでも、ある程度の情報を集めることができます。また、証券教育広報センター[*1]の証券情報室を利用すれば、かなり詳しい情報を見ることができます。これらの情報をもとに質問の内容を考えるだけでも、ワンランク上の質問をすることができるでしょう。

■なぜインタビューをするのか明確にしておこう

なぜその人にインタビューをするのかを明確にしておきましょう。OBOG訪問で言えば、少なくとも、「簡単な自己紹介と自己PR」と「その会社をよいと思っている理由（志望動機）」をまとめておきましょう。

質問項目を考える際には、「意味のある質問にすること」と「具体的な質問にすること」を心がけましょう。OBOG訪問の際に、「仕事はどうですか」等の質問をする学生が実際にいますが、答えにくいのは明らかだと思います。では、質問事項を考える練習をしてみましょう。【課題3】に取り組んで下さい。

▷ 70ページへ

では、OBOG訪問の会話例を見てみましょう。

次の例は、大学3年生の石坂優子さんが、大学の就職課で紹介してもらった三浦一美さんを訪問した際の会話の一部です。三浦さんは、大手の出版社に勤めており、今年で2年目です。時期は10月で、お昼休みの時間に、社員食堂で待ち合わせをしています。また、この日は、仕事が終わった後にも、近くの喫茶店でお話を伺う予定です。

※この会話例は、大学の先輩後輩であるという気軽さと、三浦さんの気さくな性格により、やや打ち解けた感のある会話になっています。状況によっては、よりフォーマルな会話が求められる場合もあります。

（時間ぴったりに三浦さんが入ってくる。石坂さんは、起立して一礼。）

石坂：初めまして。石坂優子です。お忙しい中、本当にすみません。

三浦：初めまして。三浦です。大学の後輩が訪ねてきてくれるなんて、嬉しいよ。もう食券買った？　まだ？　よかった。ここのハヤシライスね、宇宙一美味しいから絶対おすすめ。

第26章　上手なインタビューをする　81

（以下、食事をしながら、10分程度雑談。話題はハヤシライスの味が中心。）
三浦：ところで、石坂さん、どうして社員食堂で待ち合わせにしたの？　もっと空いているところで待ち合わせてもよかったのに。
石坂：すみません。社員食堂だったら、その会社の雰囲気が分かると思って。皆さん、和気あいあいとご飯を召し上がっていて、とても楽しそうなので、こういう雰囲気の職場がいいなって思いました。
三浦：そっか。そうそう、石坂さん、出版業界志望なんだよね。どうして出版業界がいいって思ったの？
石坂：（ここで3分程度で志望動機を話す。）
三浦：ふーん。なるほどね。
石坂：あの、すみません。お話の要点をメモしたいので、ノートを出していいですか？
三浦：いいよ。気になるところがあったら、じゃんじゃんメモしちゃって。（笑）
石坂：三浦さんはどうして、出版業界をお選びになったんですか？
三浦：私の場合はね。（以下、三浦さんの志望動機。）
石坂：なるほど、そうだったんですか。ところで、出版業界に就職して、三浦さんが、一番、よかったなと思うことってどんなことでしょうか。
三浦：そうねぇ。やっぱり、よい本ができたときかな。特に、『心を動かす18の表現』の出版は、原稿が集まらずに本当に大変だったんだよね。でも、途中で諦めずに最後まで粘ってよい本ができたときは、とっても嬉しかったよ。
石坂：そうだったんですか。その本、私も読みました。すごく便利な本で、手紙を書くときなんかに使っています。（以下、その本を作る過程の話。）
石坂：逆に、出版業界に就職して、三浦さんが、一番、辛いなとか、嫌だなと思うことってどんなことでしょうか。
三浦：やっぱり、原稿がなかなか集まらないときかな。（以下、苦労した話。）
石坂：もしよろしければ、三浦さんの就職活動がどんなだったか、全体像を教えて頂けますでしょうか。是非、参考にしたいので、お願いします。
三浦：参考になるか分からないけど、この会社が第1志望だったから、そこから逆算して計画を立てたのよ。ここ基本的に5月中旬に内定出して、面接試験が4月中旬にあって、筆記試験が3月にあるのね。だから、それぞれの試験の前に、できるだけ多くの場数を踏んでおきたかったの。特に面接は回数を重ねるごとに自信がつくと思ったし。（以下、就活の全体像の話。）
石坂：三浦さんが面接のときに、気を付けたことや工夫したことがあったら教えて頂けますか。
三浦：面接が終わったら、すぐに控え室で、聞かれたこと、自分の答え、どう答えればよかったかをメモしたわ。面接はね、受けっぱなしじゃ上達しないと思う。

会話例を読んだ人は、【課題4】に取り組んで下さい。　　　　　　　　▷ 70ページへ

---

*1　http://www.skkc.jp/index.html

27 エントリーシートを作成する

Japanese Expressions

自己分析の仕方

　本章では、エントリーシートの作成を通して、将来の進路を考える際に必要となる「自己分析」の仕方について学びます。自らの将来を考えるきっかけとし、今後の大学生活を有意義に送るため、自己分析を行ってみましょう。

　エントリーシートは、就職活動を行う際に、会社側に提出する書類の1つです。履歴書と同じように、記入欄は「履歴」部分と「自己紹介・アピール」部分に分けることができますが、特に「自己紹介・アピール」部分に、会社独自のアレンジが施してあり、会社側は、指定した項目に書かれていることをもとに、その人物が会社に貢献できる人物であるか、一緒に働きたい人物であるか、判断していきます。応募の多い場合には、エントリーシート等の提出書類によって、一次選考が行われますから、内容はもちろんのこと、書き方も分かりやすくしっかりと自分をアピールする必要があります。まずは、書き方のポイントを確認しましょう。ナビゲートを参照しながら、【課題1】に取り組んで下さい。

◖ 取り組んでみよう【課題1】

　次の例は、いずれも「これまでに一番力を入れて取り組んだことと、そこから学んだことや、その経験から身に付けたことを説明して下さい」という項目の記入例ですが、〈例2〉の方がエントリーシートの記入例として適切であると考えられます。〈例2〉のよい点を〈例1〉と比較しながら挙げて下さい。

〈例1〉

　これまでに一番力を入れて取り組んだことと、そこから学んだことや、その経験から身に付けたことを説明して下さい：

　わたしは、高校生のときに大学祭に来て、高校の学園祭とは違うスケールとパワーに圧倒され、1年生のときから志願して実行委員になりました。2

年のときには、地球温暖化を考えるシンポジウムの企画を立案して実行しました。シンポジストへの出演交渉等が困難を極めましたが、粘り強く交渉を進めることで、最終的には出演を承諾してもらうことに成功し、企画も好評を得ることができました。この企画が評価され、その年の学長賞を受賞することができました。また、3年生では実行委員長になり、大学祭を実施しました。これらの経験を通して、みんなで協力することの大切さや、粘り強く取り組むことの重要さを学びました。また、みんなをまとめていく力を身に付けました。

〈例2〉

　これまでに一番力を入れて取り組んだことと、そこから学んだことや、その経験から身に付けたことを説明して下さい：
大学祭実行委員の活動（2年次で学長賞、3年次で実行委員長に）

　2年では、今日的な課題を大学生の視点で考えるシンポジウム「地球温暖化を考える」を立案・実行し学長賞を受賞、3年ではそれまでの活動が認められて実行委員長になりました。

　これまでの活動で身に付けた力は以下の4点です。
①**分析力**：企画を立案する際、大学祭実行委員の企画が独りよがりにならないよう、大学生の興味関心や社会のできごとを調査・分析することで、意味のある企画を立案することができました。
②**計画実行力**：企画を実現するために、大学祭までに必要な作業を洗い出し、作業工程計画を作成して実行することで、企画を成功させることができました。
③**交渉力**：シンポジストとの出演交渉や、大学・参加団体との交渉の責任者を務めました。交渉は困難を極めましたが、双方の意見や要望を汲みとりながら、3か月にわたる交渉の末、交渉をまとめました。
④**統率力**：実行委員長として、30名の実行委員をまとめ、大学祭を無事成功させました。

⋯➡ ナビゲート

- ☐ 質問に的確に答えていますか。説明の順序は分かりやすいですか。
- ☐ 書かれている内容を読むと、「仕事をする上で必要な能力がある」ことが十分に伝わるでしょうか。

☐ 書き方は工夫されていますか。読みやすく要点をつかみやすいレイアウトになっているでしょうか。

▷ 71ページへ

　それではいよいよ、エントリーシートを作成する際に必要な、自己分析を行っていきましょう。自分はどのような人物で、何が強みなのかを知ることで、自分を効果的にアピールすることができます。また、やりたいことをつかみ、弱点を知ることで、どのようなことに取り組んでいけばよいかを把握することができるので、今後の大学生活にも役立つでしょう。【課題2】に取り組んで下さい。

▷ 71ページへ

ポイントアドバイス

■具体的なエピソードを挙げる
　具体的なエピソードを挙げることで、アピールしたいことが明確になり、説得力のある説明になります。
■客観的な視点で自分を見つめる
　自己分析が独りよがりのものになっていないかに気を付けましょう。友達や周りの人に自分のことについて取材をするのもよい方法です。
■「自分には働く上で必要な能力がある」ことをアピールできているか
　エントリーシートは、単なる「自己紹介」とは異なり、「自分はその会社で役に立つ」ということをアピールする必要があります。自分のアピール点が「自分には働く上で必要な能力がある」ことをアピールできているかという点から見直しましょう。
■働きたい会社が必要とする人材と自分のアピール点が一致しているか
　実際の就職活動では、会社分析も入念に行い、会社が必要とする人材として自分がどのような点をアピールできるかを考えることが大切です。

　最後に、これまでのまとめとして、実際にエントリーシートによく取り上げられる項目に挑戦してみましょう。【課題3】に取り組んで下さい。

▷ 72ページへ

第27章　エントリーシートを作成する

28 面接のコツを学ぶ

Japanese Expressions

効果的な自己PR

面接で高い評価を得る人達の話には、ある共通点があります。この章では、主に就職活動の面接試験で自己PRする場合を念頭におき、その共通点について学びます。本章の学習を通して、効果的に自己PRするコツを理解しましょう。

就職活動の面接試験では、「自己PR」「志望動機」「学生時代に頑張ったこと」の3点が必ず聞かれます。このうち、志望動機は企業研究をする必要がありますが、それは26章で触れています。また、「学生時代に頑張ったこと」に関しては27章で述べているので、ここでは、「自己PR」を中心に話を進めたいと思います。

取り組んでみよう【課題1】

次の〈例1〉と〈例2〉は自己PRの例です。どちらの例も、話題を1つに絞り込んでおり、その点で分かりやすいのですが、2つを比べると、〈例2〉の方がより好ましい自己PRと言えるでしょう。〈例2〉の方が好ましいと思われる理由を、ナビゲート1を参照して、少なくとも4つ考えて書いて下さい。

〈例1〉

面接官：では、90秒程度で、自己PRをお願いします。
学生：はい。私は大学1年生のときから、さいたま市のはずれにある田舎の塾で、塾講師のアルバイトをしており、小学生に算数を教えていますが、えーと、私がアルバイトを始めたばかりのときには、つまり、着任した当初は、算数が苦手な児童が多く、塾長もかなり困っているご様子に拝見しました。塾長は、国語や社会の授業はとても上手なのですが、三省大学の文学部出身で、算数なんかの教え方は、ちょっと苦手だったんです。そこで私は、理系ですので、児童が算数を好きになるように、かなり頑張って時間をかけて、いろいろな分析を試みました。そうすると、それぞれにいろいろな問題があることが分かってきました。やっぱ、それぞれに苦手な理由ってあって、こちらも勉強になりました。そして、分析を通して問題点を把握した後に、苦手意識を克服できるような授業の工夫をいろいろと考えました。これはとても粘り強い対策だと思います。えーと、それで、その結果、

みんな算数を好きになってくれて、結果的に塾生も増えました。実際、かなり増えて、自分でも驚いています。このように、私は、「問題を分析して粘り強く対策を立てる」人間です。
面接官：その塾講師の経験の中で失敗したと思ったことはありますか。
学生：いいえ。失敗したことはありません。ただ、みんなの前で、児童をもっと褒めてあげたらよかったなと思ったことは、一度だけありましたけど。

〈例２〉
面接官：では、90秒程度で、自己PRをお願いします。
学生：はい。私は、「問題の原因を分析して、粘り強く対策を立てる」という能力に自信があります。そのことを、具体的なエピソードでお話ししたいと思います。私は大学１年生の時から、塾講師のアルバイトをしており、小学生に算数を教えています。私が着任した当初は、算数が苦手な児童が多く、塾長もかなり困っている状況でした。そこで、私は、そのような児童に対して、一人一人、小テストやインタビュー等を行い、それぞれのつまづいている原因を分析していきました。その結果、例えば、ある児童は「小数点を理解できていないため、算数が苦手になった」というようなことが分かってきました。問題の原因が分かった後、私は、一人一人に合った対策を考えました。例えば、先程の小数点を理解できていない児童には、「90÷2」を計算させた後、「9÷2」を計算させる等の工夫をして、小数点という概念を理解させました。私がこのような対策をした結果、算数が苦手な児童は当初38人いたのですが、８か月後には、全員、算数が好きになり、全員の成績が上がりました。また、このような取り組みから、「指導が丁寧」という評判が立ち、塾生の数が２年間で1.7倍になりました。このような、問題を分析して粘り強く対策を立てる能力は、必ず御社の〇〇〇という仕事に役に立つと考えております。
面接官：その塾講師の経験の中で失敗したと思ったことはありますか。
学生：はい。失敗という程ではないのですが、よくなかったと思ったことが一度だけありました。それは、算数の成績の悪かった児童が、頑張って難関中学の入試問題を解いたときに、ただ丸を付けただけで、みんなの前で褒めてあげなかったことです。もし、あのとき、みんなの前で褒めていたら、その児童はもっと早く算数を好きになっていたと思うのです。それ以来、成長が見られた場合は、できるだけみんなの前で褒めることを心がけています。

⋯➡ ナビゲート１

- ☐ 話の順序について考えてみましょう。
- ☐ あなたが面接官だったら、どの部分の発言を評価しますか。また、余分だと思ったり言い方を変えた方がよい部分はありますか。

▷ 73ページへ

【課題1】をふまえた上で、ナビゲート2を参照し、【課題2】に取り組んで下さい。

⇢ ナビゲート2

- □ 長所と具体的なエピソードは、セットとして考えましょう。
- □ エピソードを書いた後、そのエピソードをさらに具体的に説明することはできないか、また、その長所がどのように仕事に役立つのか考えてみましょう。
- □ 「飲み会の幹事」「勉強への取り組み」「アルバイトでの工夫」等、身近なことの中にも、あなたの長所を示す具体的なエピソードが必ずあるはずです。珍しい経験にこだわる必要はないので、具体的なエピソードを探してみましょう（「長期間にわたって努力したことを示せるもの」がよいようです）。

▷ 73ページへ

最後の仕上げとして【課題3】を用意しました。この課題は、【課題2】で書いたことをもとにクラスメートに90秒程度で自己PRをするというものです（なお、60秒〜90秒程度の自己PRをまず作成し、それをアレンジする形で、30秒版や3分版等を作ると、比較的に楽にバリエーションを広げることができます）。自己PRを聞く側は、ナビゲート3を参照してポイントをチェックし、感想を相手に伝えて下さい。では、【課題3】に取り組んでみましょう。

⇢ ナビゲート3

- □ 長所と具体的なエピソードとが、しっかりかみ合っていますか。
- □ 原稿を読み上げるような話し方でなく、自然な話し方になっていますか。

▷ 74ページへ

※ 面接についてさらに詳しく学びたい人は、『ロジカル面接術』（ワック）等がおすすめです。

29 小論文を作成する

Japanese Expressions

組み立てプランと情報収集

　本章では、就職試験にもよく出る、社会的テーマを扱うタイプの小論文を書く練習をします。世の中に既にある情報や議論を調べ、組み立てプランを考えることにより、よりレベルの高い小論文を作成できるようになります。

　就職試験等で要求される小論文の1つとして、特定の社会的テーマに関して議論を構成し意見を述べる、というものがあります。その際には、既に世の中にある知識や意見を知った上で書くことが必要になる場合があります。「『高齢化社会』について800字で論述しなさい」という課題に対して書かれた、以下の〈小論文例〉を見て下さい。

〈小論文例〉

　日本は高齢化社会の時代を迎えている。現在、人口のうち65才以上が占める割合は約20%にも上る。我が家は10人家族だが、同居の祖父75才、祖母74才で、我が家の高齢者比率も20%である。

　高齢化というと暗いイメージもあるが、私の祖父祖母はみんな元気で大変明るい。ただ、問題点があるとすれば、やはり社会との接点が少ないという点であろう。祖父祖母自身もそう語っている。2人とも、働く場所があればまだまだ働きたいと言っている。

　最近は若干事情が異なっているとも思われるが、日本の定年年齢のイメージは60才ぐらいである。もちろん60才ぐらいでリタイヤして、趣味やボランティアに力を注ぎたいという人もいるだろうが、仕事には、仕事にしかない充実感があり、60才を過ぎてもそれに魅力を感じる人も多いと思う。それにしては、高齢者が働けるポジションが少なすぎるのではないだろうか。

　高齢者の働く機会が少ないことは、社会における労働力の確保という観点からも問題である。人口の20%のうちのかなりの数の人が、意欲はあるのに働かない（働けない）という状況は不健全である。高年齢者雇用安定法では、定年年齢の引き上げや定年制廃止を企業等に働きかけている。

　私はこのような現状に鑑み、将来、定年のない職場、定年のない会社を作

ってみたいと考える。昨今の経済状況を考えると容易でないことも分かるが、現在でも定年のない職場は皆無ではない。高年齢者雇用安定法の改正により、定年廃止を選択した企業も（比率は0.5％程度と低いが）ある。私もその流れに沿った、市場の状況と働く人のバランスをうまくとった職場・会社を生み出していければと考えている。

　上記の〈小論文例〉は、大まかには、「社会の実態」「それに対する意見・提言」の２つから成り立っています。慣れていない人はまず、この「社会の実態」→「それに対する意見・提言」という型を基本として組み立てプランを組むのがよいでしょう。【課題１】に取り組んでみて下さい。

◉ 取り組んでみよう【課題１】

　上記の〈小論文例〉における、「社会の実態」と、「それに対する意見・提言」の概要をまとめて下さい。

▷ 75ページへ

　また、上記の〈小論文例〉のような小論文を書こうとする場合、自分の体験や既に持っている知識だけでは足りず、調べて情報を得る必要のあることが分かります。【課題２】をしてみて下さい。

▷ 75ページへ

　このように、社会的なテーマに関する小論文を書く場合に重要なのは、組み立てプランと情報収集であることが分かります。書いていく作業の中で、この２つの順序は場合により異なります。先に組み立てプランができ、それを支える情報を探す場合が多いと思いますが、うまく組み立てプランができない場合、先に情報を集め、それを見ながら組み立てプランを作るというケースもあります。ナビゲートも参考に、【課題３】に取り組んで下さい[※1]。

⋯➡ ナビゲート

□　テーマによっては、意見・提言そのものについても、調べた情報を元にしたり参考にしたりすることがあって構いません。

□　インターネット上の情報の扱いについては注意が必要です。テキスト9章、29ページのポイントアドバイス1を参照して下さい。

▷ 75ページへ

　就職試験等の場合は、会場のその場で調べることはできないので、試験対策としては、過去問題等を参照して、あらかじめ「予想テーマ・解答集」を自分で作っておくことが重要になります。その基礎作業として、いろいろなテーマを集め、その一つ一つについて【課題3】で作成したようなセットを集積しておくと大変役に立ちます。

ポイントアドバイス

■要求される文章の種類に注意
　就職試験で要求される文章には、ここまでで扱った、社会について論じるタイプの他に、個人的な経験や人生観を問うタイプのものもあります（「友人について」「旅と人生」等）。このタイプの文章については、先行情報を内容に組み込むことにこだわる必要はありません。

■予想テーマを集めるには
　各種就職対策本・就職誌（小論文対策の特集が組まれることもある）の他、業界別・企業（団体）別の試験問題集や過去問題集も出版されています。この他、『日本の論点』（文藝春秋）のような書籍も参考になります。

■話し合う仲間を探す
　小論文作成練習を就職活動の一環として行う場合は、仲間を集めて勉強会を行ったり、情報交換を行うと有効です。雑談程度でも記憶が強化されたり情報が増えたりするという効果があります。

最後に【課題4】に取り組んでみましょう。

▷ 76ページへ

＊1　【課題3】でweblioを使う場合のURLは、http://m.weblio.jp/です。

30 企画書を書く

Japanese Expressions

企画の意義と実現可能性をアピール

　本章では、企画書を書くことによって、事業の計画を立て、それを他人に、説得的に説明するトレーニングをします。企画書の書式には相手や組織の違いにより各種のバリエーションがありますが、基本的な内容は共通しています。具体的な例を通じて、企画書を書く練習をしてみましょう。

　企画書の大まかな定義は、「事業を実現するため、許可や援助を受けようとする相手に示す、事業の内容を示した書類」というものです。従って、企画書のポイントは大きくは、a「その事業に十分な意義・メリットがあることが示されていること」、b「その事業がきちんと実現する見通しがあるということが示されていること」という2点です。この2点を具体的に把握するために、【課題1】に取り組んで下さい。

◉ 取り組んでみよう【課題1】

　〈所属サークル数約50、会員総数約800人の三省大学サークル連合会。これまでサークル間の交流が少なかったので、サークル間の交流を盛り上げるため、有志がパーティ・スポーツ等の懇親イベントを企画し、連合会に許可をもらうための企画書を書きたい。〉この設定で、企画書に必要な項目・内容を、できるだけ多く書き出してみて下さい。

▷ 77ページへ

ポイントアドバイス

■標準的な企画書に必要とされる事項（細部は企画の性質・相手先の方針等により異なります）
○概要：読み手（企画書の提出先）が大まかなイメージをつかむための概要説明をします。

○**主催者（責任者）**：企画について連絡・説明等を含めた最終責任を持つ組織・人物を記します。
○**企画の背景・目的・意義**：この事業を実現する意義・どんなよいことがあるか等、読み手に理解され、許可・援助をもらえるような内容をアピールします。
○**時期・期間**：準備・後片付け（事後処理）も含めた日程全体を書くのが原則です（さらに別途下記のような日程詳細を求められることもあります）。
○**計画の日程詳細**：参加者の募集等、準備から当日、後片付けを含めた全体の詳細な日程を求められることがあります。実際にイベントや事業を行う場合は、企画書を書かなくても、詳細な日程表は必要になります。
○**会場**：準備会場も含めて書きます。
○**スタッフ・参加者**：運営者・それ以外の参加者。見込みでしか分からない部分は見込みである旨を明記して書きます。
○**経費（予算決算）見込み**：実現にかかる（かかりそうな）費用の内訳や、収入がある場合には収入予測等も書きます。別紙で予算・決算見込み書等を添付する場合もあります。
○**必要となる許可**：大学の教室を準備室に使うようなことがあればその使用許可等が考えられます。スポーツイベント等、企画の種類によっては参加者の健康管理・健康診断に関わる許可の問題も出てきます。
○**準備状況・実現の見通し**：参加者が十分に見込めそうか、スタッフの確保はできそうか、場所を確保できる見込みはどうか等、相手先から見て、「我々が許可・援助すれば確実に実現しそうだ」というような見通しを示す必要があります。前例や類例がある（同様の企画を過去に問題なく実現している）場合にはそれを示すのも1つの方法です。
○**連絡先**：責任者や、企画を分担するメンバーの連絡先を書きます。企画が企画書だけで許可されることは少なく、企画書をふまえた直接のやりとりや説明会を経ることが多いので、できるだけスムーズに連絡がとれるようにしておく必要があります。

　企画書を提出する際には、企画の趣旨を説明した手紙のような添書（企画趣意書・趣旨説明書等とも呼ばれる）を添えることがあります。トレーニングシート77ページ【課題1】の〈参考例〉にあるマラソン大会の企画であれば、例えば、

> 大辞林大学学生部　部長
> 　横尾　肇　殿
> 　　このたび私たち大辞林大学3年生有志一同は、本学学生や地元住民の皆さんの健康増進や日頃とは違った新しい交流を図ろうと、マラソン大会を企画しております。企画の内容詳細は、別紙企画書に記載しました。つきましては内容をお調べいただき、必要な許可・財政的援助等をいただけますよう、お願い申し上げます。
> 　　私たち一同は、日頃からスポーツを通して何か有意義なことができないかと、考えておりました。また、地元の方々との交流も少なく、交流に貢献できるようなイベントはできないだろうかと考えていました。企画に加わっている者一同、熱意に燃えておりますので、なにとぞ前向きにご検討いただけますよう、よろしくお願い申し上げます。
> 　　〇〇〇〇年〇月〇日
> 　　　　　大辞林大学・近隣市民マラソン大会企画責任者　坂田　一郎

のようなものが考えられます。上記も参考に、【課題2】に取り組んで下さい。

▷ 78ページへ

　これまでの内容をふまえ、最後に、本の出版企画書を書いてみましょう。自分が出版社の社員になったつもりで、世の中にこんな本があったらよいな、こんな著者でこんな本を作ってみたいな、というアイディアを企画書にしてみて下さい。ナビゲートを参考に、【課題3】に取り組んで下さい。

⋯➡ ナビゲート

☐　出版の場合、概略「企画の意義・メリット」は「こういう人たちが読みたい・必要だと感じており、それに応えたものになる」「こういう人たちに面白いと思ってもらえる」「こういう社会的意義がある」等でしょう。「企画が実現する見通し」の方は、「問題なく予定の時期に刊行できる」「採算が合う（一定数以上売れる）」等がポイントになります。

☐　表紙・裏表紙のデザイン（サイズ・色の指定等も含む）、背表紙デザイン・装丁等も考えて下さい。

▷ 79ページへ

参考文献

　日本語表現関係の本は数多く出版されていますが、ここでは、本書を執筆するに当たって参考にしたものを中心に示します。

朝尾幸次郎他	2005	『広げる知の世界 ―大学でのまなびのレッスン―』(ひつじ書房)
石黒圭	2008	『文章は接続詞で決まる』(光文社)
伊藤民雄・実践女子大学図書館	2007	『インターネットで文献探索』(日本図書館協会)
大野晋	1999	『日本語練習帳』(岩波書店)
笠木恵司	2007	『学費免除・奨学金で行く大学・大学院―進学・休学・留学ガイド―』(ダイヤモンド社)
木下是雄	1981	『理科系の作文技術』(中央公論社)
畔柳修	2007	『「言いたいことが言えない人」のための本―ビジネスではアサーティブに話そう！―』(同文館出版)
酒井聡樹	2006	『これから論文を書く若者のために　大改訂増補版』(共立出版)
酒井聡樹	2007	『これからレポート・卒論を書く若者のために』(共立出版)
坂本直文	2009	『内定者はこう書いた！エントリーシート・履歴書・志望動機・自己PR　完全版』(高橋書店)
三省堂編修所	2007	『すぐに役立つ　日本語活用ブック』(三省堂)
三省堂編修所	2009	『すぐに役立つ　文例活用ブック』(三省堂)
谷岡一郎	2000	『「社会調査」のウソ―リサーチ・リテラシーのすすめ―』(文藝春秋)
ダレル・ハフ	1968	『統計でウソをつく法』(高木秀玄訳、講談社)
津田久資・下川美奈	2008	『ロジカル面接術』(ワック)
照屋華子・岡田恵子	2001	『ロジカル・シンキング』(東洋経済新報社)
戸田山和久	2002	『論文の教室―レポートから卒論まで―』(日本放送出版協会)
日経就職ナビ編集部	2008	『就職活動ナビゲーション』(日経HR)
日本能率協会マネジメントセンター	2009	『電話応対の基本がかんたんにわかる本』(日本能率協会マネジメントセンター)
野口悠紀雄	2006	『「超」手帳法』(講談社)
野田尚史・森口稔	2003	『日本語を書くトレーニング』(ひつじ書房)
野田尚史・森口稔	2004	『日本語を話すトレーニング』(ひつじ書房)
野矢茂樹	2006	『新版 論理トレーニング』(産業図書)
三上直之	2005	『「超」読解力』(講談社)
八幡紕芦史	2007	『［新版］パーフェクト・プレゼンテーション』(生産性出版)
山本義郎	2005	『レポート・プレゼンに強くなる グラフの表現術』(講談社)
ロバート・R・H・アンホルト	2008	『理系のための口頭発表術 聴衆を魅了する20の原則』(鈴木炎／イイイン・サンディ・リー訳、講談社)

編著者紹介

福嶋健伸　（ふくしま　たけのぶ）
実践女子大学　文学部 教授
分担：2章、5章、8章、9章、10章、11章、12章、16章、22章、26章、28章

橋本　修　（はしもと　おさむ）
筑波大学　人文社会系 教授
分担：4章、15章、17章、18章、19章、20章、21章、24章、25章、29章、30章

安部朋世　（あべ　ともよ）
千葉大学　教育学部 教授
分担：1章、3章、6章、7章、13章、14章、23章、27章

企　　画：橋本　修
編集協力：(株)翔文社

大学生のための日本語表現トレーニング 実践編

2009年　9月10日第1刷発行　　編著者：福嶋健伸、橋本　修、安部朋世
2024年　2月20日第7刷発行　　発行者：株式会社三省堂　代表者　瀧本多加志
　　　　　　　　　　　　　　　印刷所：三省堂印刷株式会社
　　　　　　　　　　　　　　　発行所：株式会社三省堂
　　　　　　　　　　　　　　　　　　　〒102-8371
　　　　　　　　　　　　　　　　　　　東京都千代田区麹町五丁目7番地2
　　　　　　　　　　　　　　　　　　　電話　(03)3230-9411
　　　　　　　　　　　　　　　　　　　https://www.sanseido.co.jp

落丁本・乱丁本はお取り替えいたします。　　本書の内容に関するお問い合わせは、弊社ホームページの「お問い
©2009 Sanseido Co.,Ltd.Printed in Japan　　合わせ」フォーム (https://www.sanseido.co.jp/support/) にて承り
ISBN978-4-385-36326-4　　　　　　　　　　ます。
〈日本語トレーニング　実践編・96＋80pp.〉

本書を無断で複写複製することは、著作権法上の例外を除き、禁じられています。また、本書を請負業者等の第三者に依頼し
てスキャン等によってデジタル化することは、たとえ個人や家庭内での利用であっても一切認められておりません。